Das aktuelle »Besatzungsrecht« in Deutschland und die Souveränitätsfrage

Dokumentation und Gesetzestexte

VAWS-Pressebüro

Dieses Buch ist vor Drucklegung dahingehend geprüft worden, dass weder Inhalt noch Aufmachung irgendwelche BRD-Strafgesetze verletzen, oder sozialethische Verwirrung unter Jugendlichen auslösen.

Telefon 0208-5941661 • Telefax 0208-5941669

vaws-musicfactory@t-online.de • www.vaws.de

1. Auflage 2019

ISBN-10: 3-927773-76-X

ISBN-13: 978-3-927773-76-9

Inhalt

»Mit der Wiedervereinigung sollte die Bundesrepublik ihre vollständige Souveränität erlangen. Doch gelten die alten Geheimabkommen zwischen Deutschland und den drei Westalliierten immer noch? Verfügen die Alliierten immer noch über Sonderrechte für die Überwachung? Wir fragen bei mehreren Ministerien nach. Nur das Bundesinnenministerium antwortet, ausweichend. Zitat: „Aufgrund der Komplexität der Sach- und Rechtslage ist derzeit keine abschließende Bewertung möglich ..."
So bleibt der Verdacht, dass Geheimabkommen zwischen Deutschland und den drei Westalliierten noch immer gelten. Und das zwei Jahrzehnte nach Erlangung der vollen Souveränität.
Schon erstaunlich, dass wir auf eine Frage nach der Souveränität Deutschlands von mehreren Behörden nur ausweichende Antworten bekommen.«

Mitschnitt aus der Fernsehsendung Frontal 21, Sendung vom 20. November 2012

»Es wäre langsam an der Zeit, dass einmal grundsätzlich geklärt wird, welche Relikte aus der Besatzungszeit gelten immer noch.

Die deutsche Souveränität ist ja 1955 erklärt worden, aber sie war gleich null, die Änderungen und das was 1990 dann draufgesetzt worden ist, hat das auch noch nicht grundsätzlich verändert.«

Bundesminister a.D. Egon Bahr (SPD) am 7.11.2013 in einem Monitor-Interview (ARD/Das Erste).

Besatzungsrecht und Souveränität

von Werner Symanek

Einleitung

Über das Alliierte Besatzungsrecht wird sehr konträr diskutiert. Ist Deutschland noch besetzt? Gilt das Besatzungsrecht immer noch und wenn ja welches? Ist Deutschland souverän? Was bedeuten die NATO-Abkommen für die Souveränität unseres Landes? Fragen über Fragen, mit denen wir uns in diesem Buch näher auseinandersetzen und eine größtmögliche Aufklärung schaffen.

Unabhängig vom derzeitigen Stand des Besatzungsrechts eine klare und deutliche Aussage des früheren Finanzministers und heutigen Bundestagspräsidenten Wolfgang Schäuble (CDU) vom 18.11.2011 auf dem »European Banking Congress«:

»Und wir in Deutschland sind seit dem 8. Mai 1945 zu keinem Zeitpunkt mehr voll souverän gewesen«.

Dieses Zitat sagt zwar nichts über ein noch gültiges Besatzungsrecht aus, allerdings - damit hat er eindeutig Recht - war Deutschland *»seit dem 8. Mai 1945 zu keinem Zeitpunkt mehr voll souverän«*.

Bevor wir dem nähere Beachtung schenken noch ein Blick in die Geschichte Deutschlands, denn seit dem 11. November 1918 (erst durch den Waffenstillstand von Compiègne und später durch den Versailler Vertrag) war das erst 1871 gegründete Deutschland nicht mehr souverän.

Am 30. Januar 1937 endete die Gültigkeit des Versailler Vertrages offiziell, nachdem Deutschland diesen einseitig aufgekündigt hatte.

Das heißt, wenn überhaupt, war Deutschland von 1918 bis 1944 lediglich 92 Monate souverän und davon nur 32 Monate in Friedenszeiten. Inwieweit diese Souveränität dazu beigetragen hat, 1939 erneut in einem Kriegszustand zu enden, bleibt hier unbeantwortet, sollte jedoch in Hinblick auf nachfolgende Ausführungen nicht in Vergessenheit geraten.

Die nächste Besetzung Deutschlands begann vom Westen her am 13. September 1944. Die Alliierten Mächte begannen gemäß dem

Londoner Abkommen bereits am 14. November 1944 Besatzungsbehörden mit Rechtssetzungskompetenzen zu errichten. Gemäß dieses Abkommens sollte die oberste Gewalt in Deutschland von den Befehlshabern der vier Mächte ausgehen. Das höchste Kontrollorgan der Alliierten in Deutschland war der Alliierte Kontrollrat, der am 30. August 1945 seine erste Sitzung hielt. Die Gesetzgebung des Kontrollrates erfolgte in Form von Proklamationen, Gesetzen, Befehlen und Direktiven.

Am 25. Februar 1947 erließ der Alliierte Kontrollrat ein Gesetz zur Auflösung des Staates Preußens (Kontrollratsgesetz Nr. 46, Amtsblatt des Kontrollrats in Deutschland S. 262).

Am 12. Mai 1949 erfolgte ein Genehmigungsschreiben der Militärgouverneure der britischen, französischen und amerikanischen Besatzungszone zum Grundgesetz mit folgendem Auszug:

> *»Indem wir die Verfassung genehmigen, damit sie gemäß Artikel 144 (1) dem deutschen Volke zur Ratifizierung unterbreitet werde, nehmen wir an, daß Sie verstehen werden, daß wir verschiedene Vorbehalte machen müssen. Zum ersten unterliegen die Befugnisse, die dem Bund durch das Grundgesetz übertragen werden, sowie die von den Ländern und den örtlichen Verwaltungskörperschaften ausgeübten Befugnisse den Bestimmungen des Besatzungsstatutes, das wir Ihnen schon übermittelt haben und das mit dem heutigen Datum verkündet wird.«*

Nach der Gründung der Bundesrepublik Deutschland im Mai 1949 gründeten die drei Westmächte die Alliierte Hohe Kommission am 20. Juni 1949, welche die Ausübung der obersten Regierungsgewalt der Alliierten in der Bundesrepublik Deutschland übernommen hatte. Die Bundesrepublik Deutschland bekam gleichzeitig einen Teil der Hoheitsrechte zurück, trotzdem galt das alliierte Besatzungsrecht.

Am 10. März 1952 bot die UdSSR den Westmächten (Frankreich, Großbritannien, USA) in einer Note erstmals Verhandlungen über die Wiedervereinigung und Neutralisierung Deutschlands an. Den Westmächten und Kanzler Adenauer lag jedoch mehr an einer Westintegration der Bundesrepublik und freies Gesamtdeutschland lediglich als abstraktes und nicht wirklich erwartetes Fernziel.

Durch die Unterzeichnung der Pariser Verträge am 23. Oktober 1954 und dem Beitritt zur NATO am 9. Mai 1955 wurden folgenreiche Einschnitte in der deutschen und europäischen Geschichte nach 1945 vollzogen.

Sie führten zu schwerwiegenden Konsequenzen, indem sie die deutsche Teilung vertieften und befestigten die Zweistaatlichkeit Deutschlands auf Jahrzehnte. Sie integrierten die Bundesrepublik in das atlantische und westeuropäische Bündnissystem und symbolisierten damit die Teilung Deutschlands.

Ein souveränes Gesamtdeutschland rückte in weite Ferne.

Der Bundesminister der Justiz (1949-1953) und spätere Bundesvorsitzender der FDP (1954-1957), Thomas Dehler, monierte am 28. Januar 1958 vor dem Deutschen Bundestag:

> *»Hier, Herr Bundeskanzler Dr. Konrad Adenauer, haben Sie bewiesen, dass Sie alles taten, um die Wiedervereinigung zu verhindern!«*

Weder die Pariser Verträge, noch der sogenannte Deutschlandvertrag vom 5. Mai 1955, haben Deutschland die vollständige völkerrechtliche Souveränität eingeräumt. Art. 2 des Deutschlandvertrages lautet:

> *»Im Hinblick auf die internationale Lage, die bisher die Wiedervereinigung Deutschlands und den Abschluss eines Friedensvertrages verhindert hat, behalten die Drei Mächte die bisher von ihnen ausgeübten oder innegehabten Rechte und Verantwortlichkeiten in Bezug auf Berlin und auf Deutschland als Ganzes, einschließlich der Wiedervereinigung Deutschlands und einer friedensvertraglichen Regelung.«*

Dennoch behaupteten deutsche Politiker, dass Deutschland seit 1955 die volle Souveränität besitzt. Diese Aussage ist falsch!

Am 12. September 1990 wurde der »Zwei-plus-Vier-Vertrag« unterzeichnet. Dieser beinhaltet unter Artikel 7, Absatz 2:

> *»Das vereinte Deutschland hat demgemäß volle Souveränität über seine inneren und äußeren Angelegenheiten.«*

Das klingt soweit schon einmal recht gut, wäre da nicht die »Vereinbarung vom 27. und 28. September 1990 zu dem Vertrag über die Beziehungen zwischen der Bundesrepublik Deutschland und den Drei Mächten (in der geänderten Fassung) sowie zu dem Vertrag zur Regelung aus Krieg und Besatzung entstandener Fragen (in der geänderten Fassung)«. Dort finden wir unter Punkt 3: »*Folgende Bestimmungen des Überleitungsvertrags bleiben jedoch in Kraft*«. Näheres dazu befindet sich in diesem Buch.

Unabhängig davon überträgt Deutschland seit der Mitgliedschaft in der Europäischen Union (EU) und mit Unterzeichnung der EU-Verträge regelmäßig Souveränitätsrechte auf die EU.

Damit begründet sich auch das einleitend genannte Zitat von Wolfgang Schäuble: »*Und wir in Deutschland sind seit dem 8. Mai 1945 zu keinem Zeitpunkt mehr voll souverän gewesen*«.

Ich ergänze diese Aussage mit den Worten: In den letzten 100 Jahren war Deutschland, wenn überhaupt nur 92 Monate souverän.

Nach so viel Frieden und Beendigung des Besatzungsrechts klingt eine Meldung der Dresdner Neueste Nachrichten vom 4.10.2010, also rund 20 Jahre nach dem »Zwei-plus-Vier-Vertrag, verblüffend. Die Bundesrepublik Deutschland hat demnach 92 Jahre nach dem Ende des Ersten Weltkrieges, also im Jahr 2010, mit fast 200 Millionen Euro die letzte Rate der Zahlungen beglichen, die 1918 im »Vertrag von Versailles« festgelegt worden war.

Schauen wir mal, was noch kommt.

I. Mangelnde Souveränität: Die »Feindstaatenklauseln«

Auf dem Höhepunkt der Syrienkrise wurde heftig über eine militärische Intervention gegen Syrien debattiert. Ein erforderliches Mandat des Sicherheitsrates der Vereinten Nationen/VN (englisch United Nations/UN) gab es dafür nicht. Somit wäre eine militärische Intervention in Syrien völkerrechtswidrig.

Wäre es nicht Syrien, sondern Deutschland, gegen das eine militärische Intervention durchgeführt werden solle, dann wäre der Sachverhalt anders und es könnte ohne Zustimmung des UN-Sicherheitsrates interveniert werden. Zumindest steht dies in den Artikeln 53 und 107 der UN-Charta, den sogenannten »Feindstaatenklauseln«.

Die Feindstaatenklauseln beziehen sich allgemein auf Staaten, die während des Zweiten Weltkrieges Feind eines Unterzeichnerstaates der UN-Charta waren, also primär Japan und Deutschland. Gegen sie dürfen Zwangsmaßnahmen durch die Unterzeichnerstaaten, ohne Ermächtigung durch den UN-Sicherheitsrat verhängt werden, darunter auch Maßnahmen militärischer Art, sollten diese eine aggressive Politik verfolgen. Die allgemeine Meinung ist, dass die »Feindstaatenklauseln« obsolet seien. Obsolet heißt aber nur derzeit überflüssig, aber nicht gestrichen. Diese »Feindstaatenklauseln« sind bis heute immer noch Bestandteil der UN-Charta! Nachfolgend einige Fakten, die Klarheit über Ungültigkeit oder Gültigkeit der Klauseln geben sollen.

Die Artikel der »Feindstaatenklauseln« im Wortlaut:

> ***Artikel 53***
>
> *»(1) Der Sicherheitsrat nimmt gegebenenfalls diese regionalen Abmachungen oder Einrichtungen zur Durchführung von Zwangsmaßnahmen unter seiner Autorität in Anspruch. Ohne Ermächtigung des Sicherheitsrats dürfen Zwangsmaßnahmen auf Grund regionaler Abmachungen oder seitens regionaler Einrichtungen nicht ergriffen werden; ausgenommen sind Maßnahmen gegen einen Feindstaat im Sinne des Absatzes 2, soweit sie in Artikel 107 oder in regionalen, gegen die Wiederaufnahme der Angriffspolitik eines solchen Staates gerichteten Abmachungen vorgesehen sind; die Ausnahme gilt, bis*

der Organisation auf Ersuchen der beteiligten Regierungen die Aufgabe zugewiesen wird, neue Angriffe eines solchen Staates zu verhüten.

(2) Der Ausdruck "Feindstaat" in Absatz 1 bezeichnet jeden Staat, der während des Zweiten Weltkriegs Feind eines Unterzeichners dieser Charta war.«

Artikel 107

»Maßnahmen, welche die hierfür verantwortlichen Regierungen als Folge des Zweiten Weltkriegs in bezug auf einen Staat ergreifen oder genehmigen, der während dieses Krieges Feind eines Unterzeichnerstaats dieser Charta war, werden durch diese Charta weder außer Kraft gesetzt noch untersagt.«[1]

Nach herrschender Meinung sind die »Feindstaatenklauseln« heute obsolet. Aber warum steht sie über 70 Jahre nach inkrafttreten (1945) immer noch in der UN-Charta? Eine kurze Chronik zu den »Feindstaatenklauseln«:

1948 Berufung auf die »Feindstaatenklauseln«

Unter Berufung auf Artikel 107 der UN-Charta hinderte die Sowjetunion (UdSSR) den UN-Sicherheitsrat daran, die Blockade Berlins vor die UN-Vollversammlung zu bringen.[2]

1960 Berufung auf die »Feindstaatenklauseln«

Mit dem Hinweis auf Artikel 107 der UN-Charta bei der UN-Debatte über die Lage der Kriegsgefangenen in der UdSSR, erklärte die Sowjetunion die Vereinten Nationen für unzuständig.[2]

1967 Berufung auf die »Feindstaatenklauseln«

In einer Niederschrift an die deutsche Bundesregierung vom 21. November 1967 wies die Sowjetregierung darauf hin, entsprechend der UN-Charta [Artikel 53 und 107], sich weiterhin zu *»Maßnahmen gegen irgendeinen Feindstaat«* und so auch gegen die Bundesrepublik Deutschland berechtigt fühle. Wörtlich:

»Der Regierung der BRD ist zweifellos wohlbekannt, daß die Pflichten der BRD, wie auch die Rechte und Pflichten der Sowjetunion und der anderen Staaten der Antihitler-Koalition, die sich aus dem Potsdamer Abkommen ergeben, bis zum Abschluß eines deutschen Friedensvertrages [den es bis heute nicht gibt] *volle Gültigkeit haben. Die Bestimmungen*

der UNO-Charta über Zwangsmaßnahmen ‚im Falle einer erneuten Aggressionspolitik' behalten voll und ganz ihre Bedeutung für die Bundesrepublik Deutschland.«[2]

1968 obsolet (überflüssig und irrelevant), aber nicht ungültig

Der Außenminister und spätere Bundeskanzler Willy Brandt in einem Brief an den damaligen Bundeskanzler Kurt Georg Kiesinger vom 15. Juli 1968:

> *»Abgesehen davon, dass wir [...] diesen beiden durch den Zeitablauf obsolet gewordenen Paragraphen [Artikel 53 und 107] eine ganz und gar unerwünschte Aktualität geben würden, würden wir damit ein massives Mißtrauen gegenüber den USA bekunden.«*[3]

Schnell stellte sich heraus, dass die Bündnispartner der Bundesrepublik Deutschland zu dieser Zeit noch nie von diesen Klauseln ausdrücklich abgerückt waren und Willy Brandt räumte dazu ein, *»Selbst haben sie dies so deutlich nicht erklärt.«*[2] Hilfesuchend wandte sich die Bundesregierung an ihre westlichen Bündnispartner. Daraufhin erklärte London *»die sogenannten Feindstaatenklauseln als irrelevant in dieser Situation.«*[2] Da stellt sich unweigerlich die Frage, in welcher Situation sie relevant wären.

1973 »nicht mehr anwendbar«, aber nicht ungültig

Das Bundesministerium der Verteidigung schrieb am 14. März 1988 in einem Brief:

> *»Die als ‚Feindstaatenklausel' bezeichneten Artikel 53 und 107 der UN-Charta sind seit dem Beitritt der Bundesrepublik Deutschland zur Organisation der Vereinten Nationen [1973] nicht mehr anwendbar ...«*[4]

1973 »gegenstandslos«, aber nicht ungültig

In einem Brief vom 9. März 1993 erklärte das Bundespräsidialamt:

> *»Die sogenannten Feindstaatenklauseln sind spätestens mit dem Beitritt der beiden deutschen Staaten zu den Vereinten Nationen im Jahre 1973 gegenstandslos geworden.«*[5]

1979 Feindstaatenklausel doch gültig

Mit Schreiben vom 7. November 1979 ließ der Generalsekretär

der Vereinten Nationen mitteilen, dass dem Ersuchen nach Freilassung eines Gefangenen nicht entsprochen werden könne; *»ihm stehe Art. 107 der Satzung der Vereinten Nationen (SVN) vom 26. Juni 1945 entgegen.«* Somit widerspricht der UN-Generalsekretär den deutschen Regierungskreisen, die bereits 1973 von der Gegenstandslosigkeit und der nicht mehr Anwendbarkeit der Klauseln ausgehen.[6)]

1981 »Feindstaatenklauseln« doch gültig

Mit Schreiben vom 1. April 1981 nahm Karin Rudolph (Legal Officer) aus dem Büro der Vereinten Nation Stellung zur Gültigkeit der »Feindstaatenklauseln«:

> *» Artikel 107 der Satzung wurde zwar als Übergangsbestimmung angesehen, jedoch konnte man sich bereits bei den Beratungen zum Satzungsentwurf nicht auf eine bestimmte Geltungsdauer der Vorschrift einigen. Im Zuge der Bemühungen um eine Revision der Satzung hat es Initiativen zur Streichung von Artikel 107 gegeben, Erfolg war diesen Initiativen jedoch nicht beschieden. Es trifft daher zu, dass Artikel 107 der Satzung weiterhin Gültigkeit besitzt.«*[7)]

1991 »Feindstaatenklauseln« streichen

Mehrere Bundestagsabgeordnete stellten am 4.12.1991 (Drucksache 12/1719) den Antrag, dass die Bundesregierung sich für eine Initiative zur Neuorientierung der Vereinten Nationen einsetzt. Ziel dieser Initiative ist u.a.: *»Die Feindstaatenklausel soll aus der Charta der Vereinten Nationen gestrichen werden.*[8)]

1992 »Feindstaatenklauseln« gehören abgeschafft

Der Presseattaché der Japanischen Botschaft in Bonn teilte mit Schreiben vom 31.03.1992 mit, dass die »Feindstaatenklauseln« abgeschafft werden müssen.[9)]

1993 »Feindstaatenklauseln« aufheben

Der ständige UN-Vertreter Russlands, Woronzow, hatte eine Initiative unternommen, um die Feindstaatenklauseln aufzuheben, stößt mit der Initiative aber auf Widerstand Großbritanniens und Frankreichs. Sie sind dagegen, die Diskussion über eine Revision der Charta zu eröffnen. Eine Änderung der UN-Charta sei nicht erforderlich.[10)]

1995 obsolet (überflüssig), aber nicht ungültig

Erst 22 Jahre später, nachdem die Feindstaatenklauseln angeblich gegenstandslos geworden sind, verabschiedete die 50. Generalversammlung der Vereinten Nationen am 11.12.1995 eine Resolution zu Charta-Fragen (Res. 50/52), in der die »Feindstaatenklauseln« als obsolet bezeichnet wurden. Diese stellte sie jedoch in den weiteren Kontext einer Satzungsrevision.[11)] Dabei ist für die Streichung der »Feindstaatenklauseln« aus der UN-Charta das dafür vorgeschriebenen Verfahren nötig. Dieses sieht einen mit Zweidrittelmehrheit gefassten Beschluss zur Änderung der Charta, sowie seine anschließende Ratifikation durch ebenfalls zwei Drittel der Mitgliedstaaten vor. Laut Wissenschaftliche Dienste des Deutschen Bundestages (WD2-3000-147/07) wird die Bundesregierung *»dieses Anliegen bei der nächsten Änderung der Charta einbringen.«*[12)] Bei der nächsten Änderung? In den letzten 70 Jahren hat es keine Änderung der Satzung gegeben! Möglicherweise in den nächsten 100 Jahren auch nicht. Eine deutsche Forderung nach einer Charta-Änderung ausschließlich zur Streichung der »Feindstaatenklauseln« würde den Vorgang zwar beschleunigen, möglicherweise befürchtet die Bundesregierung jedoch die erforderliche Zweidrittelmehrheit der Mitgliedsstaaten zur Löschung der »Feindstaatenklauseln« in der UN-Charta nicht zu bekommen. Schließlich hat die UN-Generalversammlung zwar eine Resolution verabschiedet, dass die Feindstaatenklausen »obsolet«, also überflüssig seien. Sie hat jedoch nicht beschlossen, dass sie ungültig sind, bzw. gestrichen werden sollen.

Dazu Univ.-Prof. MMag. Dr. Christina Binder, Professur für Internationales Recht und Internationalen Menschenrechtsschutz im Jahr 2013:

> *»Angesichts der deklarativen Wirkung der Obsoleterklärung hätte die Streichung der Klauseln an sich formlos von der Generalversammlung beschlossen und der Beschluss dann bei den USA als Depositär der SVN hinterlegt werden können. Die Generalversammlung entschied sich jedoch für den formellen Weg: Die Sprengkraft ohne Verfahren erschien zu groß.«*[13)]

2004 Streichung der »Feinstaatenklauseln« notwendig

Pressemitteilung der Japanischen Botschaft vom 13.12.2004 (Auszug):

> *»Am 09.12.2004 traf Ministerpräsident Koizumi mit Bundeskanzler Schröder zusammen, der Japan einen Besuch abstattete. Nachfolgend der Umriss und die Bewertung der Zusammenkunft ...*
>
> *(2)(a) Reform der Vereinten Nationen*
>
> *Bundeskanzler Schröder würdigte, daß anlässlich der VN-Generalversammlung im September die Zusammenkunft der G4 aufgrund der Initiative von Ministerpräsident Koizumi zustande kam [...] Übereinkunft wurde zudem bei der Notwendigkeit der Streichung der ehemaligen Feindstaatenklausel erzielt. Bundeskanzler Schröder führte aus, die Bereitschaft für eine Reform nehme zu und man wolle die Reform bis zum Sommer nächsten Jahres vorantreiben; der Ministerpräsident erklärte, man dürfe diesen günstigen Moment nicht verpassen.«*[14)]

2009 Kein Handlungsbedarf

Laut Brief des Bundesministeriums der Verteidigung vom 3. Dezember 2009 besteht in Bezug auf die »Feindstaatenklauseln« in der Charta der Vereinten Nationen *»aus Sicht [des] Bundesministeriums der Verteidigung zur Zeit grundsätzlich kein weiterer Handlungsbedarf.«*[15)]

2019 immer noch in der UN-Charta

Die Vereinten Nationen und die Bundesregierung sind also der Meinung, dass diese »Feindstaatenklauseln« obsolet sind, weil die Bundesrepublik Deutschland seit 1973 Mitglied der Vereinten Nationen ist. Erst 22 Jahre später, am 11.12.1995 fasste die Generalversammlung der Vereinten Nationen eine entsprechende Resolution, dass die »Feindstaatenklauseln« obsolet seien.

Tatsächlich wurden die Bestimmungen aber bis heute nicht außer Kraft gesetzt. Obsolet heißt überflüssig und nicht aufgehoben. Erst mit förmlicher Aufhebung der Artikel 53 und 107 können Berlin und Tokio vor internationalen, durch UN-Recht gedeckten Interventionen sicher sein. Selbst wenn ein militärisches Einschreiten gegen Deutschland und Japan heute unwahrscheinlich scheint, so weiß niemand, wer wann und unter welchen Umständen es für angebracht halten könnte, diese Auszugraben, um sie gegen die ehemaligen Feindstaaten und damit auch gegen Deutschland zur Anwendung zu bringen.

So lange diese »Feindstaatenklauseln« in der UN-Charta stehen, sind sie rechtlich gültig, auch wenn sie aktuell obsolet (überflüssig) erscheinen, macht diese Feststellung sie nicht ungültig. Allein ein Austritt aus der EU und/oder dem NATO-Bündnis könnte als feindlicher Akt gegenüber den Alliierten gesehen werden und diese »Feindstaatenklauseln« auf die Tagesordnung rufen, denn niemand hat festgelegt, was »Angriffspolitik« ist, die von einem ehemaligen »Feindstaat« ausgehen soll.

Klarheit lässt sich nur durch eine Reform der Charta der Vereinten Nationen und der Streichung der »Feindstaatenklauseln« erreichen. Ein Verzögern dieser Streichung über Jahrzehnte muss nicht unbedingt eine Reformunfähigkeit der Vereinten Nationen bedeuten. Eine Beibehaltung der »Feindstaatenklauseln« könnte auch darauf hindeuten, dass es durchaus Staaten gibt, die ein Interesse daran haben, Deutschland in einem unvollständig souveränen Zustand zu halten.

II. Mangelnde Souveränität: Verfahrenshindernis ist Artikel III des Alliierten Kontrollratsgesetzes Nr. 4 von 1945

Am 23. April 1945 erschoss die Rote Armee etwa 1.000 Zivilisten in der brandenburgischen Kleinstadt Treuenbrietzen. Die DDR verordnete Schweigen. Nach deren Ende untersuchte die Staatsanwaltschaft den Fall und stellte ihn aufgrund eines Gesetzes der Alliierten Besatzungsmächte ein.

Günter Eiserbeck hat noch jedes Detail der Szene in Erinnerung: Sein Großvater wird von einem Uniformierten gefragt: »*Du Deutscher?*« Als der alte Mann bejaht, wird er weggerissen, auf die Knie gezwungen, der Uniformierte drückt ihm den Lauf einer Pistole in den Nacken und erschießt ihn. Geschehen ist das am 23. April 1945 am Ortsausgang der brandenburgischen Kleinstadt Treuenbrietzen. Eiserbeck war damals sieben Jahre alt. Er weiß noch, dass er den leblosen Großvater liegen sah, das Gesicht auf dem nassen Waldboden, und dass er jämmerlich geweint und nichts begriffen hatte.[16)]

Etwa 1.000 Zivilisten sind an diesem Tag in Treuenbrietzen von der Roten Armee getötet worden. Nach dem Zusammenbruch der DDR stellte das Berliner »Forum zur Aufklärung und Erneuerung« wegen vielfachen Mordes eine Strafanzeige.[17)]

Jedoch bleibt die Tötung von etwa 1.000 deutschen Zivilisten nach dem Einmarsch der Roten Armee in der Kleinstadt Treuenbrietzen am 23. April 1945 ungesühnt. »Wegen eines Verfahrenshindernisses« habe die Staatsanwaltschaft Potsdam das Verfahren wegen Mordes eingestellt, teilte Oberstaatsanwalt Helmut Lange mit.

Das Verfahrenshindernis, von dem der Herr Oberstaatsanwalt sprach, ist Artikel III des Kontrollratsgesetzes Nr. 4 von 1945. Er schließt die Zuständigkeit deutscher Gerichte für strafbare Handlungen von Militärpersonen der Alliierten Streitkräfte oder deren Staatsangehörige aus. So geschehen im Jahr 2009![18)]

Der ehemalige CSU-Abgeordnete des Deutschen Bundestages Dr. Hans-Peter Uhl - auf eine Anfrage nach der Gerichtsbarkeit über alliierte Kriegsverbrechen vom 9.12.2009

»In der früheren BRD wurde das Kontrollratsgesetz Nr. 4 Bereits durch das Gesetz Nr. 13 der Alliierten Hohen Kommission vom 25. November 1949 außer Kraft gesetzt – ausgenommen das Verbot zur Rechtsprechung über Straftaten der alliierten Streitkräfte. Auch durch den Überleitungsvertrag zwischen der früheren Bundesrepublik Deutschland und den drei Westmächten vom 23. Oktober 1954 blieb eine gerichtliche Verfolgung der Kriegsverbrechen alliierter Streitkräfte ausgeschlossen.

Zwar wurde auch dieser Überleitungsvertrag nach Nummer 2 der Vereinbarung vom 27./28. September 1990 zu dem Vertrag über die Beziehungen zwischen der Bundesrepublik Deutschland und den Drei Mächten sowie zu dem Vertrag vom 12. September 1990 zur Regelung aus Krieg und Besatzung entstandener Fragen suspendiert und trat außer Kraft. Das gilt aber nach Nummer 3 der Vereinbarung jedoch ausdrücklich nicht für den entscheidenden Artikel 3 Absatz 2 und 3 des Überleitungsvertrages, der die deutsche Gerichtsbarkeit über Alliierte Streitkräfte weiterhin ausschließt.

Durch das Besatzungsrechts-Bereinigungsgesetz vom 30.11.2007 wurde nur solches Besatzungsrecht aufgehoben, das nicht bereits in Landes- oder Bundesrecht überführt wurde. Letzteres ist für den erwähnten Art. 3 Absatz 2 und 3 durch die angesprochene Vereinbarung 1990 offenbar geschehen. Wie Sie sehen: Durch alle Rechtsreformen hindurch blieb die Regelung bestehen, dass die deutsche Justiz keine Zuständigkeit für die Verfolgung von Straftaten erlangen kann, die von Soldaten der Siegermächte im Zusammenhang bzw. nach Ende des Zweiten Weltkriegs in Deutschland oder gegenüber Deutschen (bis 1955) begangen worden sind. [...]

Im Ergebnis ist festzustellen, dass die deutsche Gerichtsbarkeit über Kriegsverbrechen der alliierten Streitkräfte nach wie vor ausgeschlossen ist. Kontrollratsgesetz Nr.4 – obzwar längst nicht mehr gültig – bildet daher (für den entsprechenden Zeitraum) bis heute die Basis für ein Verfahrenshindernis. Natürlich kann dieses Ergebnis unter Gerechtigkeitsaspekten nicht befriedigen.«[19]

Es gilt also nach wie vor alliiertes Recht!

III. Mangelnde Souveränität: Alliierte Atomwaffen in Deutschland

Atomwaffen sind als Massenvernichtungswaffen weltweit geächtet. Noch vor Jahren wurde bestritten, dass es überhaupt in Deutschland noch US-Atomwaffen gibt.

Mittlerweile ist die Existenz dieser offiziell. Die Anzahl der in der BRD lagernden Massenvernichtungswaffen halten die USA streng geheim. Wie viel Atomwaffen in Deutschland tatsächlich lagern, ist nicht bekannt.

Der damalige Außenminister Guido Westerwelle (FDP) hatte den Abzug der US-Atombomben aus Deutschland zu seiner vielleicht wichtigsten außenpolitische Initiative erklärt, die er 2009 sogar im Koalitionsvertrag mit folgenden Worten verankern ließ:

> *»In diesem Zusammenhang sowie im Zuge der Ausarbeitung eines strategischen Konzeptes der NATO werden wir uns im Bündnis sowie gegenüber den amerikanischen Verbündeten dafür einsetzen, daß die in Deutschland verbliebenen Atomwaffen abgezogen werden.«*[20)]

Mit anderen Worten: Nicht die Regierung eines souveränen Staates beschließt, dass diese Massenvernichtungswaffen aus Deutschland verbannt werden, sondern die Regierenden eines angeblich souveränen Staates setzen sich dafür ein, dass die ehem. Besatzer (jetzt: Bündnispartner), ihre Massenvernichtungswaffen aus Deutschland abziehen.

Am 24.3.2010 stellten die Bundestagsfraktionen von CDU/CSU, SPD, FDP und BÜNDNIS 90/Die Grünen dann den Antrag, der Bundestag möge beschließen, die Bundesregierung solle sich für den Abzug der US-Atomwaffen aus Deutschland einsetzen. Wörtlich heißt es in der Drucksache 17/1159:

> *»Der Deutsche Bundestag fordert die Bundesregierung auf, [...] sich auch bei der Ausarbeitung eines neuen strategischen Konzepts der NATO im Bündnis sowie gegenüber den amerikanischen Verbündeten mit Nachdruck für den Abzug der US-Atomwaffen aus Deutschland einzusetzen.«*[21)]

Laut Plenarprotokoll 17/35 stellte der Bundestagspräsident Dr. Lammert am 26.3.2010 den Antrag zur Abstimmung und dieser wurde mit breiter Mehrheit angenommen.[22)]

Schnell hat sich die schwarz-gelbe Bundesregierung in aller Stille von einem ihrer wichtigsten außenpolitischen Ziele verabschiedet: Dem Abzug der US-amerikanischen Atombomben aus Deutschland. Vor den ehem. Besatzungsmächten erklärte sich Berlin in aller Form damit einverstanden, dass die US-amerikanischen Waffen in Deutschland bleiben können.

Das Auswärtige Amt teilte am 10.12.2012 mit:

> *»Auf dem Gipfel* [NATO-Gipfel in Chicago] *im Mai d.J. und im Zuge der Überprüfung ihres Abschreckungs- und Verteidigungsdispositivs hat die NATO bestätigt, daß Abschreckung, die sich auf eine geeignete Mischung aus nuklearen und konventionellen Fähigkeiten stützt, ein Kernelement der NATO-Strategie bleiben wird. Damit tragen Nuklearwaffen weiterhin zur Abschreckung bei und stellen somit die Sicherheit der Allianz und die Integrität des Bündnisgebiets sicher.«*[23)]

Kurzgefasst: Die US-Atombomben bleiben in Deutschland stationiert und im August 2012 wurde bekannt, dass die USA eine Modernisierung dieser Waffen plant.

Die Bundesregierung hatte bislang behauptet - und damit die deutsche Bevölkerung zu beruhigen versucht - dass es bei der Modernisierung der US-Atomwaffen nicht darum gehe, neue Waffen oder neue militärische Fähigkeiten zu schaffen, sondern lediglich durch eine Modernisierung die Sicherheit zu erhöhen.[24)]

Nicht Wenige fühlten sich später von der Bundesregierung betrogen und getäuscht, denn in einem Bericht der Nationalen Nuklearen Sicherheitsbehörde an den US-Kongress ist die Rede davon, Waffen mit neuen Fähigkeiten zu bauen. Dies trifft insbesondere auch für die »freifallenden Atombomben« in Deutschland zu. Alle veralteten US-Atomwaffen sollen laut des Berichts zu präzisen Lenkwaffen umgerüstet werden, womit auch neue militärische Fähigkeiten geschaffen werden. Darunter auch die mindestens 20 Stück, die in Deutschland (Büchel) stationiert sind.[25)]

Die Bundesregierung hat mit der Forderung, die US-Atomwaffen aus Deutschland abziehen zu lassen, versagt. Nicht nur das, denn nun werden die Atomwaffen mit »neuen militärischen Fähigkeiten« ausgestattet und stellen eine direkte Bedrohung für Russland dar.

Zudem will die Bundeswehr etwa 250 Millionen Euro ausgeben, um ihre Tornado-Kampfflugzeuge, von denen die US-Atombomben im Kriegsfall abgeworfen werden sollen, noch bis zum Jahr 2024 einsatzfähig zu halten.[26] Die Nutzung des Tornado-Waffensystems sei über 2025 hinaus vorgesehen, so ein Sprecher des Verteidigungsministeriums.[27]

Ein souveräner Staat hätte schon lange von dem Recht Gebrauch gemacht, diese Waffen aus dem Land zu verbannen. Aber Deutschland ist offensichtlich nicht souverän.

Doch statt der vom Bundestages gewünschten Abrüstung erfolgt nun die Aufrüstung und Stationierung von rund 20 neuen »optimierten« Nuklearwaffen des Typs B61-12, die zusammen die Sprengkraft von 80 Hiroshima-Bomben haben.

Die Sprecherin des russischen Außenministeriums, Maria Sacharowa, kritisiert zu Recht:

> *»Uns beunruhigt, dass Staaten, die eigentlich keine Atomwaffen besitzen, den Einsatz dieser Waffen üben, und zwar im Rahmen der NATO-Praxis der Nuklearen Teilhabe. Das ist eine Verletzung der Artikel 1 und 2 des Vertrages über die Nichtverbreitung von Atomwaffen.«*[28]

Daraufhin gab es im Bundestag eine Anfrage von *Agnieszka Brugger* (Bündnis90/Die Grünen):

> *»Welche Verhandlungen hat es mit den USA über das Modernisierungsprogramm der US-amerikanischen Atombomben gegeben – bitte mit Datum, Ort, Verhandlungsteilnehmern und -teilnehmerinnen angeben –, und wie sahen die dort getroffenen Vereinbarungen konkret aus?«*

Antwort des Parl. Staatssekretärs *Dr. Ralf Brauksiepe*:

> *»Das Lebensdauerverlängerungsprogramm der US-amerikanischen Atombomben ist ein nationales Programm der USA. Es beruht auf einer nationalen Entscheidung der US-Administration und folgt deren Vorgaben. Daher hat es keine Verhandlungen mit den USA über das Lebensdauerverlängerungsprogramm der US-amerikanischen Atomwaffen gegeben.«*[29]

Hier stellt sich erneut die Frage, wie souverän unser Land ist?

So bestätigt der SPD-Verteidigungspolitiker Thomas Hitschler, dass die Bundesregierung in den kommenden Jahren rund 112 Millionen Euro in den Bundeswehrstandort Büchel investieren will. Das Geld wird eingesetzt, um die Landebahn des Flugplatzes mit einem modernen Instrumentenanflugsystem auszustatten. [30]

Im Kriegsfall würden also deutsche Tornado-Piloten Angriffe mit den US-Bomben fliegen. Blicken wir an dieser Stelle zurück auf die Feindstaatenklausel Artikel 53:

> *»Ohne Ermächtigung des Sicherheitsrats dürfen Zwangsmaßnahmen auf Grund regionaler Abmachungen oder seitens regionaler Einrichtungen nicht ergriffen werden; ausgenommen sind Maßnahmen gegen einen Feindstaat im Sinne des Absatzes 2, soweit sie in Artikel 107 oder in regionalen, gegen die Wiederaufnahme der Angriffspolitik eines solchen Staates gerichteten Abmachungen vorgesehen sind; die Ausnahme gilt, bis der Organisation auf Ersuchen der beteiligten Regierungen die Aufgabe zugewiesen wird, neue Angriffe eines solchen Staates zu verhüten.«*

IV. Mangelnde Souveränität: Deutsches Gold in alliierten Depots

Wodurch zeichnet sich ein souveräner Staat aus? Das er in Freiheit und Selbstbestimmung innerhalb seiner Staatsgrenzen im Namen des Staatsvolkes alle Hoheitsrechte innehat. Dazu gehören die Gesetzgebung, die Hoheit über das Sozial- und Rentenwesen und vieles andere. Dazu gehören auch die Hoheit und Verfügungsgewalt über die Währung und die Goldreserven. Das Geld- und Goldreserven nur im eigenen Lande aufbewahrt und bewacht werden sollen, ist für jeden selbstverständlich.

Allerdings lagern 1236 Tonnen deutscher Goldreserven immer noch in den USA, in der »Federal Reserve Bank of New York« (FED), nur etwa 100 Meter von der Wall Street entfernt. Weitere 423 Tonnen lagern in London, bei der »Bank of England«.[31)] Die einst 374 Tonnen in Paris gelagerten Goldreserven wurden nach Deutschland zurückgeholt.[32)] Erstaunlich ist hier die Feststellung, dass bis zu diesem Zeitpunkt die deutschen Goldreserven bei den drei westlichen Besatzungsmächten eingelagert waren.

Der ehemalige Amtschef des Militärischen Abschirmdienstes (MAD) Gerd-Helmut Komossa, schreibt in seinem Buch »Die deutsche Karte - Das verdeckte Spiel der geheimen Dienste« aus dem Jahr 2007 auf Seite 21 von einem geheimen Staatsvertrag zwischen der Bundesrepublik Deutschland und den Alliierten Mächten vom 21. Mai 1949. Laut diesem Vertrag sollen die Goldreserven der Bundesrepublik durch die Alliierten bis 2099 gepfändet sein.[33)]

Laut Bericht der Deutschen Bundesbank gab es allerdings 1949 keine Goldreserven der Bundesrepublik. Wörtlich: *»In den Nachkriegsjahren von 1945 bis 1950 waren keine deutschen Goldreserven vorhanden.«* Erst in den 1950er Jahren wurden die Goldreserven aufgebaut und erreichten in den 1960er Jahren ihren Höchststand.[34)]

Nachdem die Proteste wegen der Lagerung der deutschen Goldreserven im Ausland seit 2010 immer größer wurden und selbst die Medien sich diesem Thema annahmen, verkündete Anfang 2013 die Bundesbank, dass sie 674 Tonnen deutsches Gold nach Deutschland zurückholen werde. Und so wurden bis einschließlich 2017 rund 374 Tonnen Gold aus Frankreich und 300 Tonnen Gold aus den USA zurückgeholt.[31)]

Laut Carl-Ludwig Thiele, 2017 Mitglied des Vorstandes der Deutschen Bundesbank, lagern weiterhin 1236 Tonnen deutsches Gold in den USA und 432 Tonnen [423 Tonnen am 31.12.2018] in England.[31] In Prozenten ausgedrückt lagern von den 3378 Tonnen deutscher Goldreserven 49,4 % immer noch im Ausland. Eine weitere Überführung der Goldreserven nach Deutschland ist nicht geplant.

Einen großen Teil des Goldes hat noch niemand gesehen und eine Überprüfung des Bestandes hat nie stattgefunden. Im Mai 2012 hatte der Haushaltsausschuss des Deutschen Bundestags einen Bericht beim Bundesrechnungshof angefordert, zu welchem Ergebnis dessen Prüfung der Verwaltung der deutschen Goldreserven gelangt ist.

So forderte der Bundesrechnungshof von der Deutschen Bundesbank eine Inventur und im Oktober 2012 durften die Mitglieder des Haushaltsausschusses den fertigen Bericht in Händen halten, in deren Fassung wesentliche Teile des Textes des Bundesrechnungshofs auf Veranlassung der Bundesbank geschwärzt worden waren.[35] Das Ergebnis des Berichtes:

> *»Angesichts des hohen Wertes der bei ausländischen Notenbanken gelagerten Goldbestände und der Tatsache, dass diese noch nie aufgenommen wurden, hält es der Bundesrechnungshof daher handelsrechtlich für erforderlich, auch die bei ausländischen Notenbanken verwahrten Goldbestände in regelmäßigen Zeitabständen mittels geeigneter Stichproben körperlich aufzunehmen.«* Die im Ausland gelagerten Goldreserven seien *»noch nie von der Bundesbank selbst oder durch andere unabhängige Prüfer körperlich aufgenommen und auf Echtheit und Gewicht geprüft worden«.*[36]

Die Bundesbank antwortete ihrerseits, dass sie eine Stichprobeninventur nicht für notwendig halte. Dies sei bei den ausländischen Lagerstellen nicht möglich.[36]

Der Präsident des Bundesrechnungshofs, Dieter Engels, bedauert in seinem Begleitschreiben an die Vorsitzende des Haushaltsausschusses, Petra Merkel (SPD):

> *»außerordentlich, Ihnen einen mit Schwärzungen versehenen Bericht vorlegen zu müssen, da dies die Aussagekraft unseres Berichts erheblich mindert.« [...]*

Diese Schwärzungen »beziehen sich insbesondere auf Vereinbarungen der Bundesbank mit ausländischen Notenbanken, den Umfang der bei diesen Notenbanken gelagerten Goldbestände, sowie auf entsprechende Prüfungsergebnisse der Internen Revision des Bundesbank.«[36)]

Wie gefährlich es ist, Goldreserven in England oder in den USA zu lagern wurde 2019 deutlich, als die angeschlagenes Regierung Venezuelas unter Präsident Nicolás Maduro versuchte, 14 Tonnen ihrer nationalen Goldreserven aus London abzuziehen und zu verkaufen. Doch einem »Bloomberg«-Bericht zufolge hat die britische Zentralbank die Herausgabe verweigert. Auch die US-Regierung übte Druck auf die »Bank of England« aus, der Zentralbank Venezuelas keinen Zugriff auf die in London liegenden Goldbarren zu gewähren.[37)]

Viele Staaten, deren Verhältnis zu den USA oder Großbritannien angespannt ist, dürften sich nun ernste Sorgen machen, ob sie im Krisenfall noch Zugang zu ihren Goldreserven haben.

Die Erfolgsmeldung, dass die Bundesbank 674 Tonnen Gold bis 2017 nach Deutschland geholt hat, lenkt lediglich davon ab, dass nun entgegen deutschem Interesse dauerhaft ein sehr großer Teil des deutschen Goldes in den USA bleiben wird. Also in der »Federal Reserve Bank«, somit verwahrt von einer Organisation, die den Wall-Street-Banken gehört, in einem Land, dessen Präsident rechtsstaatliche Grundsätze für eine Zumutung hält.

Dabei gäbe es eine Alternative, wenn die restlichen Goldreserven unbedingt im Ausland gelagert werden sollen: In der Schweiz, in der auch Österreich einen Teil seines Goldes lagert. Die Schweiz ist ein unmittelbarer Nachbar und ein neutrales Land. Anders als die USA hätte es nicht die Macht, Deutschland die Herausgabe des Goldes zu verweigern.

Nun stellt sich die Frage, ob es wirklich ein Geheimabkommen mit den Alliierten Mächten gibt, welches die Herausgabe der gesamten Goldreserven untersagt, denn die restlichen deutschen Goldreserven werden die Alliierten Deutschland nicht aushändigen.

Die Aushändigung der 674 Tonnen Gold lässt eher auf einen Deal mit den Alliierten schließen, der die deutsche Bevölkerung beruhigen soll, denn nun lagern rund 50 Prozent der deutschen Goldreserven bei den US-Amerikanern und Engländern - also in Alliierter Hand. Eine auffällige Zahl, die Spekulationen zulässt.

V. Mangelnde Souveränität: US-Geheimdienste dürfen Deutschland ausspionieren

Alles begann 2013, als bekannt wurde, dass die Mobilfunkfirma Verizon täglich Millionen Daten ihrer Kunden an den US-Auslandsgeheimdienst »National Security Agency« (NSA) weitergab. Als Informant der britischen Zeitung »The Guardian« outet sich ein ehemaliger Mitarbeiter des US-Auslandsgeheimdienstes »Central Intelligence Agency« (CIA) und Auftragnehmer der NSA. Sein Name: Edward Snowden. Snowden übergab nach und nach immer mehr geheime Dokumente der Öffentlichkeit, darunter mehr als 50 Dokumente mit Bezug zu Deutschland.

Der Stein kam ins Rollen und schnell wurde bekannt, dass die NSA über Jahre hinweg Bundeskanzlerin Merkel ausspioniert hat und vielleicht auch ganz Deutschland.

Zum Beispiel fand das Projekt »Wharpdrive« auf deutschem Boden statt und gehörte zu einem großangelegten Überwachungsprogramm, in dessen Rahmen die NSA wichtige Glasfaserkabel und Knotenpunkte anzapfte, um Chats, Mails und andere Kommunikationsmedien von Millionen Menschen zu analysieren.

Außerdem habe der deutsche Bundesnachrichtendienst (BND) im Rahmen der Operation »Eikonal« 2004-2008 in Frankfurt abgefangene Daten an die NSA weitergeleitet, darunter waren auch private Daten einfacher Menschen aus Deutschland dabei.[38)]

In diesem Augenblick wurde klar, die Bundesrepublik Deutschland ist ein überwachtes Land und offensichtlich war es nie anders.

Untersuchungen des Historikers Josef Foschepoth zeigen: Quer durch die Republik lagen und liegen offensichtlich immer noch geheime Abhöreinrichtungen.

Die Hintergründe: Am 30. Mai 1968, in der Zeit der ersten Großen Koalition, wurden die Notstandsgesetze vom Deutschen Bundestag beschlossen. Die Notstandsgesetze veränderten das Grundgesetz und fügten eine Notstandsverfassung ein, welche die Handlungsfähigkeit des Staates in Ausnahmesituationen wie z. B. Volksaufstände in Deutschland sichern sollen.

Zeitgleich sollten die Alliierten Vorbehaltsrechte verbunden mit der Notstandsgesetzgebung der Bundesregierung aufgehoben werden.

Der ehemalige Bundeskanzler Willy Brandt (SPD) 1968 im Deutschen Bundestag: *»Die Vorbehaltsrechte der Alliierten sind endgültig erloschen.«*[39)]

Das war aber nicht die ganze Wahrheit, wie der spätere Außenminister Hans-Dietrich Genscher (FDP) zu recht kritisierte. Denn laut ihm wurden aus den alliierten Vorbehaltsrechten lediglich *»Vorbehaltsrechte in neuer Form«*.[40)]

Ein Hauptpunkt war dabei die Uberwachung der Kommunikation durch die Alliierten. Diese wurden bis dahin durch Aliiertes Besatzungsrecht gedeckt. Nun war das Besatzungsrecht nicht mehr notwendig, da bereits ein Zustand eingetreten war, von dem jeder Sieger und Besatzer nur träumen kann: Jetzt hatte die Bundesregierung aufgrund deutschen Rechts diese zugesichert.

Im Zuge der Notstandsgesetze 1968 wurde auch das G-10 Gesetz verabschiedet, das die verfassungswidrige und gesetzlose Praxis auf eine gesetzliche Grundlage stellte. Das G-10-Gesetz ist das Ausführungsgesetz zur Änderung von Artikel 10 des Grundgesetzes, der die Unverletzlichkeit des Post- Und Fernmeldegeheimnisses massiv einschränkte.

> ***Gesetz zur Beschränkung des Brief-, Post- und Fernmeldegeheimnisses (Artikel 10-Gesetz - G 10)***
>
> *„Artikel 10-Gesetz vom 26. Juni 2001 (BGBl. I S. 1254, 2298; 2007 I S. 154), das zuletzt durch Artikel 12 des Gesetzes vom 14. August 2017 (BGBl. I S. 3202) geändert worden ist". Zuletzt geändert durch Art. 12 G v. 14.8.2017 I 3202*
>
> ***Abschnitt 2***
> ***Beschränkungen in Einzelfällen***
>
> *§ 3 Voraussetzungen*
>
> *(1) Beschränkungen nach § 1 Abs. 1 Nr. 1 dürfen unter den dort bezeichneten Voraussetzungen angeordnet werden, wenn tatsächliche Anhaltspunkte für den Verdacht bestehen, dass jemand [...]*
>
> *5. Straftaten gegen die Sicherheit der in der Bundesrepublik Deutschland stationierten Truppen der nichtdeutschen*

Vertragsstaaten des Nordatlantikvertrages (§§ 87, 89, 94 bis 96, 98 bis 100, 109e bis 109g des Strafgesetzbuches in Verbindung mit § 1 des NATO-Truppen-Schutzgesetzes) [...] plant, begeht oder begangen hat. [...][41)]

Alliiertes Besatzungsrecht war also entweder in deutsches Recht übergegangen, oder im Zusatzvertrag zum Nato-Truppenstatut und anderen nicht so bekannten Vereinbarungen festgeschrieben worden, die bis heute ihre Gültigkeit haben.

In dem Buch »Überwachtes Deutschland« führte Professor Josef Foschepoth die Hartnäckigkeit der alliierten Bestrebungen Alliiertes Recht in Deutsches Recht zu überführen deutlich aus:

»Der Blick in die bislang geheim gehaltenen Regierungsakten der frühen Bundesrepublik zeigt, wie konsequent, hartnäckig und unnachgiebig die drei westmächte ihre Zielsetzung verfolgten, die durch den Sieg über Deutschland erworbenen Vorbehaltsrechte abzugeben, ohne aufzugeben, sondern sie völkerrechtlich dauerhaft zu verankern. Erst, wenn die Westdeutschen bereit und in der Lage waren, den Schutz der Sicherheit der alliierten Truppen zu garantieren, mithin die geheimdienstlichen Interessen der Drei Mächte im vollen Umfang wahrzunehmen und zu erfüllen. war eine Ablösung des Überwachungsvorbehalts möglich.«[42)]

Professor Josef Foschepoth führte in einem Gespräch mit der Badischen Zeitung am 9.2.2013 aus:

»Aus Siegerrecht war Besatzungsrecht, aus Besatzungsrecht Vorbehaltsrecht, aus Vorbehaltsrecht Vertragsrecht, aus Vertragsrecht deutsches Recht und Verfassungsrecht geworden, das jede Bundesregierung verpflichtete, auch künftig für die westlichen Siegermächte Post- und Fernmeldeüberwachungen durchzuführen oder von diesen selbst durchführen zu lassen. So hatte Willy Brandt Richtiges gesagt, die Wahrheit aber verschwiegen. Die, wäre sie damals schon bekannt geworden, einen Eklat mit ungewissem Ausgang ausgelöst hätte.«[43)]

Wer nun glaubt, dass sich durch den »Zwei-plus-Vier-Vertrag« 1990 etwas geändert hätte, täuscht sich. Der Aufenthaltsvertrag von 1954 und die Zusatzabkommen zum Nato-Truppenstatut bleiben weiterhin Grundlage für die alliierten Abhör- und Über-wachungsmaßnahmen. Es ist auch in Zukunft jedem alliierten Militärbefehlshaber freigestellt, die aus seiner Sicht notwendigen Sicherungsmaßnahmen durchzuführen, um seine Truppen zu schützen. Es bleibt der Phantasie jedes Einzelnen überlassen, welche weiteren Maßnahmen, außer der Überwachung des Post- und Fermeldeverkehrs, einen alliierten Militärkommandanten veranlassen könnte, um die Sicherheit seiner Streitkräfte zu gewährleisten.

Man mag sich gar nicht vorstellen, welch imenser Schaden unserer Volkswirtschaft entsteht, wenn unsere »Freunde« deutsche Weltmarktführer ausspähen, um die daraus gewonnenen Erkenntnisse ihren eigenen Konzernen zugänglich zu machen. Dagegen sind die Telefonate und Mails unserer Politiker langweilig und uninteressant, da sie ja offensichtlich doch nur in abgewandelter Form das Denken und Wollen der Alliierten widerspiegeln.

VI. Mangelnde Souveränität: Alliierte Mächte - Souveränitätsfrage - EU-Europa

1989, Europa im Umbruch, der Ostblock zerfällt und Deutschland steht vor der Vereinigung. Bekanntlich wurde von offizieller Seite schon lange vor dem »Zwei-plus-Vier-Vertrag« mit der erlangten Souveränität Deutschlands geprahlt, mit dem Fall der Mauer wurde jedoch deutlich, dass Deutschland noch längst nicht die Freiheiten eines souveränen Staates besitzt. Besonders Frankreich und Großbritannien fürchteten durch die Wiedervereinigung eine künftige Dominanz Deutschlands und eine Störung des europäischen Gleichgewichts.

Aus einem Gespräch des damaligen französischen Staatspräsidenten Francois Mitterrant mit dem früheren Außenminister Hans-Dietrich Genscher (FDP), zitierte Genscher Mitterrant mit folgenden Worten:

> *»Deutschland kann nur dann auf die Wiedervereinigung hoffen, wenn es in einer starken Gemeinschaft steht.«*[44)]

Gemeint war damit insbesondere die Europäische Union und die Währungsunion mit dem EURO.

Die US-Administration unter George H. W. Busch begrüßte eine Wiedervereinigung Deutschlands, aber dies mit der Vorgabe verknüpft, dass ein wiedervereinigtes Deutschland dem NATO-Bündnis angehören sollte.

Etwas heftiger zog die britische Premierministerin Margret Thatcher ins Gefecht:

> *»Zweimal haben wir die Deutschen geschlagen. Jetzt sind sie wieder da.«*[45)]

Sie traf sich mit dem französischen Staatspräsidenten Mitterrant, um darüber zu beraten, wie eine drohende Wiedervereinigung zu verzögern ist.

Bei ihrem Moskau-Besuch im Jahr 1989 wurde sie gegenüber dem sowjetischen Staatschef Michail Gorbatchow deutlicher:

> *»Ich bin entschieden gegen ein vereinigtes Deutschland.«*[45)]

dabei sprach sie sich dafür aus, dass die sowjetischen Truppen möglichst lange in der ehemaligen DDR bleiben.

> *»Vielleicht brauchen wir sie noch eines Tages, um ein vereinigtes Deutschland in Schach zu halten.«*[45]

Der französische Botschafter in London berichtete im März 1990 von einem Abendessen mit der britischen Premierministerin, bei dem Thatcher gesagt habe, dass in Anbetracht der *»deutschen Gefahr«* es eines *»Gegengewichts«* der Nuklearmächte Frankreich und Großbritannien bedarf.[45]

Aus Polen kamen 1990 deutliche Worte von dem Friedensnobelpreisträger Lech Walesa, der wenige Monate nach seiner Aussage Staatspräsident von Polen wurde. Auf die Frage wie er zu der aufkommenden Supermacht Deutschlands an Polens Westgrenze stehe, antwortete er:

> *»Und ich will ein Urteil aussprechen, dass mich in Deutschland nicht populär machen wird, aber ich schrecke davor nicht zurück: Wenn die Deutschen auf's neue Destabilisation in Europa verurachen, in welcher Form denn auch, dann wird es in Zukunft keine Teilung von Deutschland geben, sondern wird Deutschland von der europäischen Karte gefegt.«*[46]

Das Thema der deutschen Ostgrenze (Deutschland-Polen) wurde wie bereits im »Versailler Vertrag« 1919, sowie bei den Potsdamer Abkommen 1945 auch im November 1989 bei den Alliierten erneut zum Thema, als Bundeskanzler Kohl bei seinem Polen-Besuch zur Zeit der Maueröffnung sorgfältig vermied, die Grenzgarantie zu wiederholen. Der Kanzler blieb bis dahin unbeirrt bei seiner Position, dass eine endgültige Festlegung der Ostgrenze erst durch *»eine frei gewählte gesamtdeutsche Regierung und ein frei gewähltes gesamtdeutsches Parlament«* vorgenommen werden könne.[47]

Erst als der französische Staatspräsident Mitterrand daraufhin am 10. März 1990 anlässlich eines Besuchs seines polnischen Amtskollegen Jaruzelski in Paris erklärte, dass vor einer Vereinigung der beiden deutschen Staaten ein deutsch-polnischer Grenzvertrag geschlossen werden müsse, rückte Kohl von seiner Position ab.[47]

Desweiteren hoffte Frankreichs Präsident Mitterand auf die Sowjetunion, um die Deutsche Einheit, wenn nicht zu verhindern, so doch weit in die Zukunft zu verschieben:

»Gorbatschow wird niemals ein wiedervereintes Deutschland in der NATO akzeptieren, und die Amerikaner werden niemals zulassen, dass die Bundesrepublik die NATO verlässt. Wir können deshalb beruhigt sein.«

Dennoch war es Gorbatschow, der im Februar 1990 eingelenkt hatte. In Moskau teilte er Bundeskanzler Helmut Kohl mit:

»Die Deutschen müssen selbst wissen, welchen Weg sie gehen.«[48)]

Frankreich, England und die USA standen der Wiedervereinigung Deutschlands skeptisch gegenüber. Als Forderungen der West-Alliierten standen im Raum: Gesamtdeutschland müsse der NATO angehören, es müsse den Osten Deutschlands an Polen abtreten und in die EU und der Europäischen Währungsunion eingebunden werden. All diese Punkte hat die deutsche Regierung umgesetzt.

War dies die Entscheidung der Regierung eines freien und souveränen Deutschlands, oder die einzige Option den westlichen Siegemächten gefügig ihre Wünsche zu erfüllen, um wenigstens eine Teilvereinigung Deutschlands zu erlangen, indem wir postwendend unsere Souveränität an die Europäischen Union einerseits und Ostdeutschlands Souveränität an Polen andererseits abgegeben haben?

Quellenverzeichnis
»Besatzungsrecht und Souveränität«

I. Mangelnde Souveränität: Die Feindstaatenklauseln

1) https://www.unric.org/de/charta, abgerufen am 18.03.2019

2) »Der Spiegel«, Nr. 39, 23.9.1968, Seite 26

3) Akten zur Auswärtigen Politik der Bundesrepublik Deutschland 1968, Band 1, Seite 221, R. Oldenbourg Verlag München, 1999, ISBN 3-486-56411-0

4) Brief des Bundesminister der Verteidigung vom 14. März 1988, Aktenzeichen: VR II 8 - Az 39-60-21/01, Kopie im Archiv des VAWS-Pressebüros

5) Brief des Bundespräsidialamtes vom 9. März 1993, Aktenzeichen: 21-000 10-19539/91, Kopie im Archiv des VAWS-Pressebüros

6) Brief des Generalsekretärs der Vereinten Nationen vom 7. November 1979, laut Beschluß des Bundesverfassungsgerichtes, Zweiter Senat vom 16.12.1980, Aktenzeichen 2 BvR 419/80

7) Brief von Karin Rudolph (Legal Officer) der Vereinten Nationen vom 1. April 1981, Kopie im Archiv des VAWS-Pressebüros

8) Deutscher Bundestag, 12. Wahlperiode, Drucksache 12/1719, vom 04.12.1991

9) Brief des Presseattachés der Japanischen Botschaft in Bonn vom 31.03.1992, Kopie im Archiv des VAWS-Pressebüros

10) Nordwest-Zeitung, Oldenburg vom 30.04.1993

11) Generalversammlung der Vereinten Nationen, A/RES/50/52 vom 11 Dezember 1995

12) Deutscher Bundestag, Wissenschaftliche Dienste, WD2-3000-147/07 vom 1.10.2007

13) Univ.-Prof. MMag. Dr. Christina Binder, Professur für Internationales Recht und Internationalen Menschenrechtsschutz, in »Die Grenzen der Vertragstreue im Völkerrecht«, Seiten 301, 302, Verlag Springer, 2013, ISBN 978-3-642-350931

14) Pressemitteilung der Japanischen Botschaft in Deutschland vom 13.12.2004 zum Japanisch-Deutschen Gipfeltreffen am 9.12.2004, https://www.de.emb-japan.go.jp/presse/pm_041209_gipfel04_02.html, abgerufen am 18.03.2019

15) Brief des Bundesministeriums der Verteidigung vom 03.12.2009, Kopie im Archiv des VAWS-Pressebüros

II. Mangelnde Souveränität: Verfahrenshindernis ist Artikel III des Alliierten Kontrollratsgesetzes Nr. 4 von 1945

16) https://www.welt.de/welt_print/article2813822/Das-Massaker-von-Treuenbrietzen.html, abgerufen am 19.03.2019

17) »Der Spiegel«, Nr. 1, 2009, Seite 31

18) https://www.pnn.de/brandenburg/massaker-der-sowjets-bleibt-ungesuehnt/22204082.html, abgerufen am 19.03.2019

19) https://www.abgeordnetenwatch.de/profile/dr-hans-peter-uhl/question/2009-11-26/154530, Abgerufen am 28.04.2019

III. Mangelnde Souveränität: Alliierte Atomwaffen in Deutschland

20) Koalitionsvertrag zwischen CDU, CSU und FDP, 17. Legislaturperiode, vom 26.10.2009, Seite 120

21) Deutscher Bundestag, 17. Wahlperiode, Drucksache 17/1159, vom 24.03.2010

22) Deutscher Bundestag, Plenarprotokoll 17/35, 35. Sitzung, 26.10.2010, Seiten 3326, 3327

23) Brief des Auswärtigen Amtes vom 1.12.2012, Kopie im Archiv des VAWS-Pressebüros

24) Deutscher Bundestag, 17. Wahlperiode, Drucksache 17/14822, vom 11.10.2013

25) »Spiegel-online«, 03.11.2013, http://www.spiegel.de/politik/deutschland/us-regierung-will-atomwaffen-in-deutschland-modernisieren-a-931449.html, abgerufen am 19.03.2019

26) Berliner Zeitung, 05.09.2012, https://www.berliner-zeitung.de/politik/nato-erklaerung-us-atombomben-bleiben-3885494, abgerufen am 19.03.2019

27) ntv, 05.09.2012, https://www.n-tv.de/politik/US-Atombomben-bleiben-hier-article7139926.html, abgerufen am 19.03.2019

28) RTDeutsch, 22.09.2015, https://deutsch.rt.com/32451/inland/deutschland-ruestet-auf-neue-us-atombomben-im-rheinland-pfaelzischen-buechel/, abgerufen am 19.03.2019

29) Deutscher Bundestag, Plenarprotokoll 18/25, 25. Sitzung, 02.04.2014, Seite 2000

30) Bundeswehr-Journal, 22.09.2015, http://www.bundeswehr-journal.de/2015/bald-neue-us-atomwaffen-am-standort-buechel/, aberufen am 19.03.2019

IV. Mangelnde Souveränität: Deutsches Gold in alliierten Depots

31) Deutsche Bundesbank, Carl-Ludwig Thiele, Die Deutschen Goldreserven, Pressegespräch am 23.08.2017. https://www.bundesbank.de/resource/blob/665440/62bea266e973acdf42c30bec0fc431e2/mL/2017-08-23-praesentation-gold-data.pdf, abgerufen am 19.03.2019

32) https://www.bundesbank.de/de/aufgaben/themen/bundesbank-schliesst-goldverlagerung-vorzeitig-ab-644174, abgerufen am 19.03.2019

33) Herd-Helmut Komossa, Die deutsche Karte - Das verdeckte Spiel der geheimen Dienste. Ein Amtschef des MAD berichtet, Ares-Verlag Graz, 2007, ISBN 978-3-902475-34-3

34) https://www.bundesbank.de/resource/blob/663346/ab6c5320952fc5ed5b4a77b805c91e84/mL/gold-entwicklung-data.pdf, abgerufen am 19.03.2019

35) Der Hauptstadtbrief, Nr. 112, 29.11.2019, http://www.derhauptstadtbrief.de/cms/index.php/86-der-hauptstadtbrief-112/265-deutschlands-goldreserve-existiert-unsere-volksvertreter-sehen-schwarz, abgerufen am 19.03.2019

36) Frankfurter Allgemeine Zeitung, 22.10.2012, https://www.faz.net/aktuell/wirtschaft/goldreserven-der-bundesbank-rechnungshof-will-eine-pruefung-des-goldschatzes-11934174.html, abgerufen am 19.03.2019

37) ntv, 28.01.2019, https://www.n-tv.de/wirtschaft/Britische-Notenbank-blockiert-Venezuelas-Gold-article20831700.html, abgerufen am 19.03.2019

V. Mangelnde Souveränität: US-Geheimdienste dürfen Deutschland ausspionieren

38) Zeit-online, 28.10.2013, https://www.zeit.de/digital/datenschutz/2013-10/hintergrund-nsa-skandal, abgerufen am 31.03.2019

39) Blätter für deutsche und Internationale Politik, 6/2013, https://www.blaetter.de/archiv/jahrgaenge/2013/juni/gefilzte-post, abgerufen am 31.03.2019

40) Das Parlament, 25.11.2013, https://www.das-parlament.de/2013/48/Themenausgabe/47927240-325550, abgerufen am 31.03.2019

41) Gesetz zur Beschränkung des Brief-, Post- und Fernmeldegeheimnisses (Artikel 10-Gesetz - G 10), Bundesministerium der Justiz und Verbraucherschutz, https://www.gesetze-im-internet.de/g10_2001/BJNR125410001.html, abgerufen am 31.03.2019

42) Josef Foschepoth, Überwachtes Deutschland - Post- und Telefonüberwachung in der alten Bundesrepublik, Seite187, Vandenhoeck & Ruprecht GmbH & Co KG, Göttingen, 2013, ISBN 978-3-525-30041-1

43) Historiker Josef Foschepoth über den systematischen Bruch des Postgeheimnisses in der Bundesrepublik, Badische Zeitung, 09.02.2013

VI. Mangelnde Souveränität: Alliierte Mächte - Souveränitätsfrage - EU-Europa

44) Spiegel-online, 25.09.2010, http://www.spiegel.de/politik/ausland/historischer-deal-mitterrand-forderte-euro-als-gegenleistung-fuer-die-einheit-a-719608.html, abgerufen am 31.03.2019

45) Spiegel-online, 09.04.2013, http://www.spiegel.de/einestages/margaret-thatcher-und-die-wiedervereinigung-a-951099.html, abgerufen am 31.03.2019

46) Deutscher Bundestag, 17. Wahlperiode, Drucksache 11/7228, vom 25.05.1990

47) Bundeszentrale für politische Bildung, 19.03.2009, Verhandlungen mit den Vier Mächten, http://www.bpb.de/geschichte/deutsche-einheit/deutsche-teilung-deutsche-einheit/43771/2-plus-4-verhandlungen?p=all, abgerufen am 31.03.2019

48) Deutschlandfunk, 18.03.2019, Vorbehalte gegen deutsche Souveränität, https://www.deutschlandfunk.de/vorbehalte-gegen-deutsche-souveraenitaet.871.de.html?dram:article_id=125268, abgerufen am 31.03.2019

Fragen zur staats- und völkerrechtlichen Lage Deutschlands

von Barbara Rudolf

Vorwort

„Die BRD ist eine GmbH“, - „Besatzungs- und Verwaltungskonstrukt BRD“- „König von Deutschland“ -„Reichsbürger“ - „Wir Deutschen sind staatenlos“ - unter anderem im Internet tummeln sich eine Fülle von Behauptungen über Deutschland, die den Anspruch erheben, die einzig richtigen juristischen Argumente zu enthalten.

Einige Aussagen davon sind - juristisch gesehen - richtig, anderes aber auch falsch, und manche Ausführungen enthalten Richtiges mit Falschem vermischt. Das eröffnet in Diskussionen bedauerlicherweise die Möglichkeit, durchaus richtige Kritik als „Spinnerei“ abtun und sich inhaltlich damit nicht auseinandersetzen zu müssen.

Um insofern die juristischen Gedanken zu ordnen, trägt die vorliegende Schrift die juristischen Argumente zusammen und zitiert die entsprechenden Quellen.

Wir bitten Sie nun um Ihre Mithilfe:

- Bitte stellen Sie die nachfolgenden Fragen und andere Fragen den Verantwortlichen.
- Bitte senden Sie uns deren Antworten, damit wir sie veröffentlichen können.
- Gerne beantworten wir Ihre weiteren Fragen zur staats- und völkerrechtlichen Lage Deutschlands.

Frage 1: Ist die BRD ein Staat?

Mir ist kein Jurist bekannt, der dies verneint. Im Internet gibt es aber zahlreiche Texte, in denen das Gegenteil behauptet wird, also dass die BRD nur ein „Verwaltungskonstrukt“ und die Deutschen „staatenlos“ seien.

Nach der in der Rechtswissenschaft herrschenden Drei-Elementen-Lehre besteht ein Staat aus seinem Staatsgebiet, seinem Staatsvolk und seiner Staatsgewalt.

1) Das **Staatsgebiet** der BRD umfasst gemäß der Präambel des Grundgesetzes für die BRD (im Folgenden „GG“ genannt) 16 Bundesländer, also Baden-Württemberg, Bayern, Berlin, Brandenburg, Bremen, Hamburg, Hessen, Mecklenburg-Vorpommern, Niedersachsen, Nordrhein-Westfalen, Rheinland-Pfalz, Saarland, Sachsen, Sachsen-Anhalt, Schleswig-Holstein und Thüringen.

2) Das **Staatsvolk** der BRD besteht aus den Deutschen - gemäß Art. 116 GG und dem seit dem Jahr 1913 gültigen und vielfach geänderten „Staatsangehörigkeitsgesetz“ (StAG).

Deutscher ist demnach, wer

- die deutsche Staatsangehörigkeit besitzt,
- oder als Flüchtling oder Vertriebener deutscher Volkszugehörigkeit in dem Gebiet des Deutschen Reiches nach dem Stande vom 31.12.1937 Aufnahme gefunden hat,
- oder Ehegatte eines solchen Flüchtlings oder Vertriebenen ist,
- oder Abkömmling eines solchen Flüchtlings oder Vertriebenen ist.

Die deutsche Staatsangehörigkeit wiederum wird erworben

- entweder gemäß § 4 StAG durch **Geburt**, wobei es ausreichend ist, dass ein Elternteil die deutsche Staatsangehörigkeit besitzt,
- oder gemäß § 5 StAG unter den dort genannten Voraussetzungen durch eine diesbezügliche **Erklärung** eines vor dem

01.07.1993 geborenen Kindes eines deutschen Vaters und einer ausländischen Mutter,

- oder gemäß § 6 StAG unter den dort genannten Voraussetzungen durch Annahme als Kind, also durch **Adoption**,
- oder gemäß § 7 StAG durch Ausstellung einer **Bescheinigung zum Nachweis seiner Spätaussiedlereigenschaft** gemäß § 15 des Bundesvertriebenengesetzes,
- oder gemäß § 40a StAG unter den dort genannten Voraussetzungen durch **Überleitung** am 01.08.1999 eines Flüchtlings oder Vertriebenen deutscher Volkszugehörigkeit,
- oder gemäß §§ 8 ff, 40 b und c StAG unter den dort genannten Voraussetzungen durch **Einbürgerung**,
- oder gemäß § 3 II StAG unter den dort genannten Voraussetzungen durch eine **zwölf Jahre lange Behandlung** durch deutsche Stellen als deutscher Staatsangehöriger, also insbesondere durch Besitzes eines Staatsangehörigkeitsausweises, Reisepasses oder Personalausweises.

Diese sehr komplizierten Bestimmungen erklären sich zum einen aus der sehr wechselvollen Geschichte Deutschlands im 20. Jahrhundert, durch die Millionen Deutscher zwar die deutsche Volkszugehörigkeit, aber nicht die deutsche Staatsangehörigkeit besaßen. Sie alle konnten und können über Art. 116 GG und die Regelungen des StAG die deutsche Staatsangehörigkeit erhalten.

Zum anderen sind diese Bestimmungen das Ergebnis der seit Jahrzehnten andauernden Einwanderung von Ausländern nach Deutschland. Insbesondere seit dem Jahre 1999 erleichtert das StAG ihnen und ihren hier in Deutschland geborenen und aufwachsenden Kindern und Nachkommen den Erwerb der deutschen Staatsangehörigkeit.

3) Das dritte Element, eines Staates, die **Staatsgewalt** hat den Zweck, Rechtssicherheit und ein friedliches und geordnetes Zusammenleben zu gewährleisten, indem der Staat seine Macht notfalls durch physische Gewalt ausübt[1].

Die Staatsgewalt der BRD ist weitestgehend noch durch die Anwesenheit von Behörden, Gerichten, Polizisten, Gerichtsvollziehern usw. vorhanden und sichtbar.

Die Staatsgewalt der BRD lernten unter anderem diejenigen kennen, die keine oder zu wenig Steuern bezahlten und deswegen wegen Steuerhinterziehung gemäß § 370 Abgabenordnung (AO) durchaus auch Haftstrafen ohne Bewährung verbüßen mussten. Sie erlebten die Staatsgewalt hautnah und im wahrsten Sinne des Wortes.

Die Staatsgewalt der BRD lernten außerdem diejenigen kennen, die von Behörden oder Gerichten festgesetzte Gebühren nicht bezahlten, dem Gerichtsvollzieher als eines „Bediensteten einer Firma“ die Berechtigung zum Handeln absprachen, aber dann angesichts der Anwesenheit von Polizisten und der Drohung mit Zwangsmaßnahmen, Verhaftung und Handschellen dann doch zahlten.

Die Staatsgewalt der BRD lernten schließlich diejenigen kennen, die zum Beispiel wegen des vom „Kommissarischen Reichskanzlers der Kommissarischen Reichsregierung“ ausgestellten Reichspersonalausweises oder Reichsführerscheins wegen Urkundenfälschung gemäß § 267 StGB[2] oder wegen Fahrens ohne Fahrerlaubnis gemäß § 21 StVG[3] zu Geldstrafen verurteilt wurden. Weder der „Kommissarische Reichskanzler“ noch die „Kommissarische Reichsregierung“, die für die Ausstellung der Ausweise von den Betroffenen sogar Geld erhalten hatten, befreiten die Verurteilten und damit Vorbestraften aus ihrer misslichen Lage. Da war den Betroffenen dann sehr nachhaltig klar gemacht geworden, wer die Staatsgewalt hierzulande ausübt.

Ich lebe in der heutigen Wirklichkeit. Ich bin daher der festen Überzeugung, dass die BRD ein Staat ist. Denen, die diese Meinung nicht teilen und zum Beispiel keine Steuern oder keine gerichtlich festgesetzten Gebühren zahlen oder Reichsführerscheine und ähnliche Dokumente bei Kontrollen vorzeigen, wünsche ich gute Nerven und ein gutes finanzielles Polster, wenn sie dann die Staatsgewalt der BRD hautnah erleben.

Frage 2: Ist die BRD eine Firma oder eine GmbH?

Mir ist kein Jurist bekannt, der dies behauptet. Es gibt aber Druckschriften und Texte im Internet, in denen geäußert wird, dass die BRD eine GmbH sei.

Für das deutsche Recht ist seine Untergliederung in zwei Bereiche wesentlich, nämlich in das öffentliche Recht und in das bürgerliche Recht. Ein Rechtsgebiet kann dabei nur **entweder** dem öffentlichen **oder** dem bürgerlichen Recht zugerechnet werden, eine Vermischung ist nicht möglich.

Das öffentliche Recht regelt die Beziehungen der Staatsorgane und die Beziehungen des Staates zu seinen Bürgern und ist gekennzeichnet durch ein Über- und Unterordnungsverhältnis der Rechtssubjekte. Hierzu gehören unter anderem das Staatsrecht, das Strafrecht, das Steuerrecht und das Verwaltungsrecht.

Das bürgerliche Recht dagegen regelt die Beziehungen der Bürger untereinander und ist gekennzeichnet durch ein Gleichordnungsverhältnis der Rechtssubjekte. Hierzu gehören unter anderem das Vertragsrecht, das Familienrecht, das Handelsrecht und das Arbeitsrecht.

Die Vorschriften über die „GmbH" (Gesellschaft mit beschränkter Haftung) finden sich im GmbHG (Gesetz betreffend die Gesellschaften mit beschränkter Haftung) und gehören zum Handelsrecht und damit zum bürgerlichen Recht - und **nicht** zu öffentlichen Recht. Die an einer GmbH Beteiligten oder ihre Vertragspartner stehen sich in einem Gleichordnungsverhältnis gegenüber und unterliegen damit dem bürgerlichen Recht.

Die BRD dagegen ist der Staat, sie ist ihren Bürgern übergeordnet, und damit das wichtigste Rechtssubjekt im **öffentlichen** Recht. Damit ist die BRD **keine** GmbH und kann keine sein.

Die gegenteilige Meinung zum Beispiel im Internet halte ich daher für ganz und gar falsch. Das OVG Münster bezeichnet sie als „abwegig", die das Gewaltmonopol des Staates infrage stellt.[4]

Frage 3: Ist die BRD eine GmbH, weil sie im UPIK-Datensatz eingetragen ist?

Zum angeblichen Beweise dessen, dass die BRD eine GmbH sei, wird sich im Internet auf ihre Eintragung im „UPIK Datensatz" berufen.

Schaut man aber einmal im Internet[5] nach, so stellt man folgendes fest:

Die UPIK ist eine neunstellige Nummer, also ein Identifizierungssystem, und wird von der weltweit tätigen Unternehmerdatenbank von D&B (Data Universal Numbering System) vergeben und vom Verband der Automobilindustrie (VDA), dem Verband der chemischen Industrie (VCI) und Bisnode D&B Deutschland aufgebaut. Sie hat den Zweck, weltweit aktuelle Informationen über die bei ihr angemeldeten Stellen zur Verfügung zu stellen. Sie kann beantragt werden von

- Selbständigen, wie zum Beispiel Rechtsanwälten,
- Einzelfirmen, wie zum Beispiel Handwerksmeistern,
- Personengesellschaften und Kapitalgesellschaften, wie zum Beispiel GmbHs,
- Gemeinnützigen Einrichtungen, wie zum Beispiel dem Roten Kreuz,
- **öffentlichen** Entitäten, also Einrichtungen, wie zum Beispiel Zweigstellen, Agenturen, Ministerien, Militäreinrichtungen usw.

Damit **kann** eine bei der UPIK angemeldete Stelle eine GmbH, sie muss es aber nicht sein. Denn nicht jeder, der sich bei UPIK angemeldet hat, ist zwingend eine GmbH.

Ein Rechtsanwalt beispielsweise könnte sich bei der UPIK anmelden, ist aber damit keine GmbH, sondern schlichtweg nach wie vor als selbständiger Einzelanwalt tätig. Wenn er eine GmbH gründen wollte, müsste er seine Firma beim Handelsregister anmelden, und dann wäre sein Rechtsanwaltsbüro eine GmbH.

Umgekehrt nimmt die UPIK auch öffentliche Einrichtungen und Stellen in ihre Datenbank auf. Selbst wenn also Organe, Ministerien und Behörden der BRD bei der UPIK eingetragen sind, ist dies lediglich dem Umstand geschuldet, dass sie **öffentliche** Stellen sind. Sie werden dadurch **nicht** zu einer GmbH.

Ich halte daher die Meinung, dass die BRD eine GmbH sei, für ganz und gar falsch.

Frage 4: Ist die BRD eine GmbH, weil es im Handelsregister des AG Frankfurt/Main unter der Nummer HRB 51411 eine BRD-GmbH gibt?

Zum angeblichen Beweise dessen, dass die BRD eine GmbH sei, wird sich außerdem auf eine diesbezügliche Firma, die im Handelsregister des AG Frankfurt/Main unter der Nummer HRB 51411 eingetragen ist, berufen.

Schaut man dort aber einmal nach und liest man sich überdies die Internetseite dieser Firma[6] durch, findet man folgendes:

Alleiniger Gesellschaft dieser GmbH ist in der Tat die Bundesrepublik Deutschland, vertreten durch das Bundesfinanzministerium.

Die im Handelsregister genannte Firma heißt aber **nicht** „BRD-GmbH", sondern „Bundesrepublik Deutschland - Finanzagentur Gesellschaft mit beschränkter Haftung".

Sie hat ihren Sitz **nicht** in Berlin, sondern in Frankfurt am Main, Lurgiallee 5, 60439 Frankfurt am Main.

Sie wird **nicht** durch den Bundespräsidenten vertreten, sondern zurzeit durch die Geschäftsführer Dr. Tammo Diemer und Dr. Carsten Lehr.

Ihr Geschäftszweck ist **nicht** die Führung der **gesamten** Staatsgeschäfte der BRD, sondern nur eines - in der Tat wichtigen, aber eben nur eines - Teils davon, nämlich die staatliche Kreditaufnahme und das Schuldenmanagement.

Sie hat **nicht** tausende von Beamten und Angestellten, sondern nur etwa 250 Mitarbeiter.

Damit ist die „Bundesrepublik Deutschland - Finanzagentur Gesellschaft mit beschränkter Haftung" etwas anderes, und zwar etwas kleineres - als der Staat „BRD". Das Gleichsetzen dieser GmbH mit dem Staat BRD ist daher meines Erachtens ganz und gar falsch.

Die Gründung der „Bundesrepublik Deutschland - Finanzagentur Gesellschaft mit beschränkter Haftung" lenkt den Blick aber in der Tat auf einen einschneidenden und zu kritisierenden Vorgang.

Bis zum Jahre 2000 wurde die Aufgabe der „Bundesrepublik Deutschland - Finanzagentur Gesellschaft mit beschränkter Haftung", nämlich die staatliche Kreditaufnahme und die Schuldenverwaltung, vom Bundesfinanzministerium, von der Deutschen Bundesbank und von der Bundesschuldenverwaltung wahrgenommen, - also von staatlichen Stellen. Die „Bundesrepublik Deutschland - Finanzagentur Gesellschaft mit beschränkter Haftung“ ist demgegenüber eine privatrechtliche Person. Damit hat der Staat BRD mit Gründung dieser GmbH eine staatliche Aufgabe an eine private Firma abgegeben und sich seiner Aufgabe entledigt. Man nennt diesen Vorgang „Privatisierung“.

Die „Bundesrepublik Deutschland - Finanzagentur Gesellschaft mit beschränkter Haftung“ ist dabei nicht die einzige privatisierte staatliche Stelle, vielmehr gab es in den letzten Jahrzehnten eine Fülle solcher Privatisierungen. Privatisiert wurden ehemalige staatliche Krankenhäuser, die Deutsche Bundesbahn, die Post, staatliche Kreditinstitute usw. und auch ein Teil der Autobahnen soll demnächst privatisiert werden.

Mit dem Übergang von der staatlichen Behörde in eine private Firma gingen zahlreiche Rechtsveränderungen einher. Die staatliche Stelle nahm eine Aufgabe der Daseinsfürsorge wahr, - wohingegen die private Firma Geschäfte und Gewinne macht. Die staatliche Stelle durfte und musste lediglich kostendeckend arbeiten - wohingegen die private Firma einen Gewinn erwirtschaftet. Die staatliche Stelle war gegenüber dem Bürger an die Grundrechte gebunden und musste zum Beispiel das Willkürverbot und den Verhältnismäßigkeitsgrundsatz beachten, - wohingegen die private Firma in ihren Entscheidungen insofern vollkommen frei ist. Mit der Privatisierung wurde aus dem Bürger ein Kunde. Er verlor wichtige Rechte, und er wurde noch nicht einmal gefragt, ob er das alles wollte.

Ich halte die Kritik an diesem einschneidenden Vorgang daher für durchaus berechtigt. Aus diesem Grunde sollte man in der Tat Fragen und Forderungen in dieser Richtung stellen - aber bitte mit dem richtigen und nicht mit einem pseudojuristischen Argument. Bitte fragen Sie insofern die Verantwortlichen und senden uns dann deren Antworten, damit wir sie veröffentlichen können.

Frage 5: Hat die Vereinigung der BRD mit der DDR nicht stattgefunden und ist die BRD im Jahre 1990 erloschen?

Im Internet gibt es zahlreiche Texte, in denen behauptet wird, die Vereinigung BRD/DDR habe am 03.10.1990 de jure und de facto gar nicht stattgefunden, und die BRD sei am 17.07.1990 erloschen, weil damals der alte Art. 23 GG gestrichen worden sei und die BRD und ihre Gesetze dadurch gar keinen räumlichen Geltungsbereich mehr aufwiesen.

Trotz meiner Suche habe ich keinen Vertrag und kein Gesetz gefunden, das am 17.07.1990 mit einem solchen Inhalt beschlossen worden wäre. Am 17.07.1990 wurde lediglich ein Gesetz über Flüchtlinge beschlossen. Hinsichtlich des Beitritts der DDR zur BRD wurden u.a. die folgenden Verträge bzw. Vereinbarungen beschlossen:

- den Einigungsvertrag vom 31.08.1990[7],
- das Gesetz zur Überleitung von Bundesrecht nach Berlin (West) vom 25.09.1990[8],
- die Vereinbarung vom 25./28.09.1990[9] und
- den Zwei-plus-Vier-Vertrag vom 11.10.1990[10].

Der alte Art. 23 GG wurde auch nicht ersatzlos gestrichen, sondern geändert. Die neue Präambel des Grundgesetzes, die in Art. 4 Nr. 1 des Einigungsvertrages beschlossen wurde, legt überdies den Geltungsbereich des Grundgesetzes für die BRD fest und nennt insofern die 16 Bundesländer, also Baden-Württemberg, Bayern, Berlin, Brandenburg, Bremen, Hamburg, Hessen, Mecklenburg-Vorpommern, Niedersachsen, Nordrhein-Westfalen, Rheinland-Pfalz, Saarland, Sachsen, Sachsen-Anhalt, Schleswig-Holstein und Thüringen. Damit ist der räumliche Geltungsbereich des Grundgesetzes festgelegt. Alle im Rahmen des Grundgesetzes geltenden oder aufgrund des Grundgesetzes erlassenen Gesetze und Verordnungen gelten damit ebenfalls im räumlichen Geltungsbereich des Grundgesetzes, also in den 16 Bundesländern.

Die DDR ist auf diese Weise und gemäß der Eingangsformel und Art. 1 des Einigungsvertrages vom 31.08.1990 der BRD beigetreten, also gewissermaßen in die BRD hineingeschlüpft. Die BRD ist nicht nur nicht erloschen, sondern hat sich - de jure - vergrößert, und die DDR ist es, die erloschen ist. Die DDR als 133. Mitgliedsstaat der UNO gibt es nicht mehr, wohingegen die BRD als 134. Mitglied der 193 Mitglieder der UNO nach wie vor der UNO angehört.

De facto haben seit dem 03.10.1990 die Behörden und Gerichte in den neuen Bundesländern, also in der ehemaligen DDR, - von wenigen, im Einigungsvertrag genannten Ausnahmen abgesehen - ausschließlich die Gesetze der BRD angewandt. Ich selbst habe seit 1990 zahlreiche Prozesse in den neuen Bundesländern geführt, - und dabei wurde immer nur das Recht der BRD und niemals Recht der DDR angewandt.

Im Internet wird zum Beweis dessen, dass die BRD erloschen und der Einigungsvertrag nichtig sei, das diesbezügliche Urteil des BVerfG vom 24.04.1991[11] herangezogen.

In diesem Urteil wird lediglich festgestellt - und ist damit bindendes Recht -, als dadurch die Kündigungsvorschriften des Mutterschutzrechts durchbrochen werden. Das BVerfG hat damit eine einzige Regelung des 355 Seiten umfassenden Einigungsvertrages mit seinen vermutlich tausenden von Regelungen für nichtig erklärt, - aber nicht den gesamten Einigungsvertrag.

Im Internet wird schließlich zum Beweise dessen, dass die BRD erloschen sei, das Urteil des Sozialgerichts Berlin vom 22.09.1993[12] herangezogen.

In diesem Gerichtsbescheid ist aber genau das Gegenteil zu lesen. Das Sozialgericht hat die Klage auf Feststellung des Fortbestehens des Deutschen Reiches abgewiesen mit der Begründung,

> *„denn der Kläger hat keine Klagebegründung abgegeben, die es der Kammer ermöglicht hatte, eine Sachaufklärung gemäß § 103 SGG zu betreiben ... Obwohl das Gericht gem. § 103 SGG den Sachverhalt von Amts wegen erforscht, ist es auf Angaben der Beteiligten angewiesen. Es ist nicht Aufgabe des Gerichts, den Beteiligten ihre Darlegungslast abzunehmen und von Amts wegen Tatsachen zu erforschen und der Entscheidung des Gerichts zugrunde zu legen, die die Beteiligten selbst nicht einmal vorgebracht haben. Unterbleiben Angaben der Beteiligten, kann die Klage nur als unbegründet abgewiesen werden ...“*

Das OVG Münster bezeichnet die Behauptung, dass Deutschland kein völkerrechtlich souveräner Staat und die BRD seit 1990 nicht mehr existiere, als „abwegig", mit dem das Gewaltmonopol des Staates infrage gestellt werde[13].

Ich lebe in der heutigen Wirklichkeit. Ich bin daher der festen Überzeugung, dass die BRD durchaus besteht. Denen, die diese Meinung nicht teilen und zum Beispiel keine Steuern oder keine gerichtlich festgesetzten Gebühren zahlen oder Reichsführerscheine und ähnliche Dokumente bei Kontrollen vorzeigen, wünsche ich gute Nerven und ein gutes finanzielles Polster, wenn sie dann den Staat BRD hautnah erleben.

Frage 6: Haben deutsche Grundeigentümer im Jahre 2016 ihr Eigentum an ihren Grundstücken verloren?

Mir ist kein Jurist bekannt, der dies meint. Im Internet wird dies aber behauptet mit der Begründung, dass durch die Privatisierung der BRD Grund und Boden der BRD nicht mehr staatlich und herrenloses Gebiet geworden sei, die Katasterämter das Grundeigentum nicht mehr feststellen könnten und dies alles durch Gewohnheitsrecht nach 10 Jahren positives Recht geworden sei.

Die BRD ist **nicht** privatisiert worden, sie ist nach wie vor ein Staat. Die BRD hat lediglich einen Teil staatlicher Aufgaben staatlicher Behörden an private Firmen übertragen. Zu diesen privatisierten staatlichen Aufgaben gehören die Katasterämter **nicht.** Diese - genauso wie die Grundbuchämter bei den Amtsgerichten - bestehen nach wie vor und nehmen ihre staatlichen Aufgaben nach wie vor wahr. In den Grundbüchern sind nach wie vor die Eigentümer der Grundstücke eingetragen und verzeichnet, und sie bleiben so lange die Eigentümer ihres Grundstückes, wie sie es nicht durch Verkauf oder Vererbung oder sonstige Verfügung verlieren.

Ein Gewohnheitsrecht, das nach 10 Jahren entsteht, gibt es außerdem nicht. Im Zivilrecht gibt es lediglich das „Recht der Unvordenklichkeit der Verjährung“. Das bedeutet, dass beispielsweise ein Weg über ein privates Grundstück öffentlich ist, also von jedermann benutzt werden darf, wenn diese Benutzung seit 40 Jahren erfolgt, - auch wenn keine Schriftstücke darüber vorhanden sind. Das Wegerecht hat aber mit dem Eigentum an Grundstücken nichts zu tun, und die Wirkungen des Rechts der Unvordenklichkeit der Verjährung treten auch nicht nach 10, sondern erst nach 40 Jahren ein[14].

Ich halte daher die Meldung über den Verlust der Bodenrechte für ganz und gar falsch.

Frage 7: Gibt es das Deutsche Reich und wo befindet es sich?

Im Internet gibt es zahlreiche Texte, in denen behauptet wird, das Deutsche Reich sei nicht untergegangen, sondern bestehe fort, und es gibt auch heute Personen, die sich „Reichskanzler“ oder „König des Deutschen Reiches“ nennen.

In den ersten Nachkriegsjahren nach 1945 gab es verschiedene rechtswissenschaftliche Theorien in der BRD und in der DDR, die entweder von einem Untergang des Deutschen Reiches, von einem Zerfall des Deutschen Reiches in die beiden Staaten BRD und DDR, von einem über den beiden deutschen Staaten BRD und DDR übergeordneten Dach des Staates Deutsches Reich oder von dem Deutschen Reich als Staatskern oder Kernstaat oder von einer Identität des Staates Deutschen Reiches entweder mit der BRD oder mit der DDR ausgingen.

Das Bundesverfassungsgericht hat in seinem grundlegenden diesbezüglichen Urteil[15] diesen Streit beendet und folgendes festgestellt:

> *„Das Grundgesetz ... geht davon aus, dass das Deutsche Reich den Zusammenbruch 1945 überdauert hat und weder mit der Kapitulation noch durch Ausübung fremder Staatsgewalt in Deutschland durch die alliierten Okkupationsmächte noch später untergegangen ist; ... Das Deutsche Reich existiert fort ... besitzt nach wie vor Rechtsfähigkeit, ist allerdings als Gesamtstaat mangels Organisation, insbesondere mangels institutionalisierter Organe nicht handlungsfähig ... Mit der Errichtung der Bundesrepublik Deutschland wurde nicht nur ein neuer westdeutscher Staat gegründet, sondern ein Teil Deutschlands neu organisiert ...* ***Die Bundesrepublik Deutschland ist*** *also nicht „Rechtsnachfolger“ des Deutschen Reiches, sondern* ***als Staat identisch mit dem Staat „Deutsches Reich“ - in Bezug auf seine räumliche Ausdehnung allerdings „teilidentisch“,*** *so dass insoweit die Identität keine Ausschließlichkeit beansprucht. Die Bundesrepublik umfasst also, was ihr Staatsvolk und ihr Staatsgebiet anlangt, nicht das ganze Deutschland, unbeschadet dessen, dass sie ein einheitliches Staatsvolk des Völkerrechts-*

subjektes „Deutschland“ (Deutsches Reich), zu dem die eigene Bevölkerung als untrennbarer Teil gehört, und ein einheitliches Staatsgebiet „Deutschland“ (Deutsches Reich), zu dem ihr eigenes Staatsgebiet als ebenfalls nicht abtrennbarer Teil gehört, anerkennt. Sie beschränkt staatrechtlich ihre Hoheitsgewalt auf den „Geltungsbereich des Grundgesetzes ...“

Laut Brockhaus bedeutet dabei „Identität“: die „Gleichheit mit sich selbst“, und „identisch“ ist „völlig gleich, gleichbedeutend“. Laut Ullsteins Fremdwörterlexikon bedeutet „Identität“: „völlige Übereinstimmung, Wesensgleichheit“. Gemäß § 31 des Bundesverfassungsgerichtsgesetzes (BVerfGG) bindet die genannte Entscheidung die Verfassungsorgane des Bundes und der Länder sowie alle Gerichte und Behörden, und auch ich halte mich an diesen Richterspruch.

Aber wie ist er zu verstehen? Enthält er nicht einen Widerspruch in sich?

Die „Reichsbürger“ und ähnliche Personen zitieren nur den **ersten** Gedanken des BVerfG vom Fortbestehen des Deutschen Reiches und seiner Handlungsunfähigkeit und lassen den **zweiten** Gedanken über die Identität des Deutschen Reiches mit der BRD bei ihren Ausführungen einfach weg. Meines Erachtens ist eine solche Vorgehensweise intellektuell nicht redlich, unwissenschaftlich und daher falsch.

Die herrschende, offizielle Lehre beschäftigt sich demgegenüber eigentlich nur mit dem **zweiten** Gedanken des BVerfG über die Identität des Deutschen Reiches mit der BRD und beachtet dagegen den Satz über die Handlungsunfähigkeit des Deutschen Reiches gar nicht[16]. Das ist meines Erachtens ebenfalls intellektuell nicht redlich, unwissenschaftlich und daher falsch.

Wie kann aber das Deutsche Reich handlungsunfähig sein, wenn es doch mit der BRD identisch ist? Immerhin hat die BRD handlungsfähige Organe. Wieso machen diese handlungsfähigen Organe der BRD das Deutsche Reich nicht auch handlungsfähig? Oder ist das handlungsunfähige Deutsche Reich dann doch etwas anderes als die handlungsfähige BRD?

Zur Beantwortung dieser Frage möchte ich Ihnen ein Bild entwerfen: Stellen Sie sich bitte einen uralten Baum vor. Nach schweren Stürmen ist er umgefallen, und alle Äste sind abgebrochen und liegen tot am Boden. Aber der Baum selbst ist nicht tot, sondern lebt. Aus seiner Wurzel kommen ein, zwei oder mehrere neue Triebe hervor und bilden einen oder mehrere neue Stämme und neue Äste. Das Holz des alten Baumes ist dasselbe wie das des neuen Baumes. Der neue Baum ist identisch mit dem alten Baum. Nur die alten Äste sind nach wie vor tot.

In meinem Bild ist der alte Baum das Deutsche Reich, der neue Baum die BRD und die Äste sind die Handlungsfähigkeit des Staates. Das Deutsche Reich existiert, ist aber - mangels seiner abgebrochenen „Äste“ - handlungsunfähig. Aus den Wurzeln des Deutschen Reiches wuchs unter anderem die BRD und ist - mit neuen Ästen - handlungsfähig. Das Holz beider Bäume ist identisch, es handelt sich um ein- und denselben Staat. Damit ist die BRD das Deutsche Reich und hat nur einen anderen Namen. In diesem Bild des umgefallenen Baumes löst sich für mich die scheinbare Widersprüchlichkeit des Urteils des Bundesverfassungsgerichts, und ich kann getrost seine Bindungswirkung anerkennen. Bitte fragen Sie insofern die Verantwortlichen und senden uns dann deren Antworten, damit wir sie veröffentlichen können.

Frage 8: Ist die Verfassung des Deutschen Reiches von 1871 unsere Verfassung?

Nein. Sie wurde nämlich durch Art. 178 der **„Weimarer Reichsverfassung“**[17] aufgehoben. Diese Vorschrift lautet:

> *„Die Verfassung des Deutschen Reiches vom 16.04.1871 und das Gesetz über die vorläufige Reichsgewalt vom 10.02.1919 sind aufgehoben.“*

Die Weimarer Reichsverfassung wurde bekanntlich durch die Nationalversammlung beschlossen, die wiederum aus einer Wahl am 19.01.1919 hervorging und damit vom Souverän legitimiert war.

Angesichts des eindeutigen, oben genannten Wortlauts bin ich daher der festen Überzeugung, dass die Reichsverfassung von 1871 heute nicht mehr gilt.

Frage 9: Ist die Verfassung des Deutschen Reiches von 1919 unsere Verfassung?

Die ganz herrschende Meinung unter Juristen verneint dies. Denn die wesentlichen Bestimmungen der Weimarer Reichsverfassung von 1919, also

- die Geltung der Grundrechte,
- das Zustandekommen von Gesetzen durch den Reichstag,
- das Bestehen der Länder,

  und das Bestehen der Landesparlamente

wurden durch die folgenden Gesetze aus den Jahren 1933 und 1934 aufgehoben:

- die „Reichstagsbrandverordnung“[18],
- das „Ermächtigungsgesetz“[19],
- das „Vorläufige Gesetz zur Gleichschaltung der Länder mit dem Reich“[20],
- das „Reichsstatthaltergesetz“[21],
- und das „Gesetz über den Neuaufbau des Reichs“[22].

Damit war von der Weimarer Reichsverfassung von 1919 nichts Wesentliches mehr übrig geblieben, sie war außer Kraft gesetzt worden. Die Reichsregierung erließ diese Gesetze aufgrund des „Ermächtigungsgesetzes“. Dieses wiederum war vom Reichstag beschlossen worden, der seinerseits aus seiner Wahl vom 05.03.1933 hervorgegangen war. Damit waren diese Gesetze durch den Souverän, das Volk, legitimiert, das Volk selbst hatte die Weimarer Reichsverfassung aufheben lassen.

Lediglich die Vorschriften über die Religionsfreiheit, die in den Art. 136, 137, 139 und 141 der Weimarer Reichsverfassung festgehalten wurden, gelten über Art. 130 GG noch heute.

Ich bin daher der festen Überzeugung, dass auch die Weimarer Reichsverfassung von 1919 - bis auf die vier genannten Artikel über die Religionsfreiheit - heute nicht mehr gilt.

Frage 10: Ist die Verfassung der DDR unsere Verfassung?

Die ganz herrschende Meinung unter Juristen verneint dies. Im Internet gibt es aber Texte, in denen das Gegenteil behauptet wird, also dass die Verfassung der DDR unsere Verfassung sei.

Im **Einigungsvertrag**[23] vom 31.08.1990 heißt es in Art. 9 II:

> *„Das in Anlage II aufgeführte Recht der Deutschen Demokratischen Republik bleibt mit den dort genannten Maßstäben in Kraft, soweit es mit dem Grundgesetz unter Berücksichtigung dieses Vertrages sowie mit dem unmittelbar geltenden Recht der Europäischen Gemeinschaften vereinbar ist."*

In der Anlage II Kapitel II Sachgebiet A Abschnitten I bis III - Staats- und Verfassungsrecht - wiederum sind das Länderwahlgesetz und bestimmte Vorschriften des Ländereinführungsgesetzes der DDR als fortgeltende Gesetze bezeichnet worden, - **nicht** jedoch die Verfassung der DDR.

Damit ist sie durch den Einigungsvertrag von 1990 außer Kraft gesetzt worden. Der Beitritt der DDR zur BRD im Einigungsvertrag ist durch die Volkskammer der DDR am 23.08.1990 beschlossen worden, die ihrerseits aus einer Wahl vom 18.03.1990 hervorgegangen war. Damit war der Beitritt der DDR zur BRD durch den Souverän, das Staatsvolk der DDR, legitimiert worden, das Staatsvolk der DDR selbst hatte seine Verfassung aufheben lassen.

Ich bin daher der festen Überzeugung, dass auch die Verfassung der DDR heute nicht mehr gilt.

Frage 11: Ist das Grundgesetz die Verfassung der BRD?

In den etablierten Medien heißt es übereinstimmend, dass das Grundgesetz der BRD ihre Verfassung sei.

Der Duden - „Fachlexikon Recht A - Z“ von 2007, gibt die folgende Definition für das Stichwort „Verfassung, Konstitution, Grundgesetz“:

> *„Die Grundordnung einer juristischen Person, besonders die eines Staates. Im Rechtssinn ist die V. eines Staates der Inbegriff der geschriebenen oder ungeschriebenen, grundlegenden Rechtssätze über Organisationen und Funktionsweise der Staatsgewalt und die Rechtstellung des Einzelnen.“*

Inhaltlich entspricht das Grundgesetz sicherlich diesen Anforderungen. Es gibt daher unter anderem in der BRD das Bundesverfassungsgericht, das Bundesamt und die Landesämter für Verfassungsschutz und zahlreiche Vorschriften, in denen das Wort „verfassungswidrig“ vorkommt, zum Beispiel in Art. 21 GG, § 43 BVerfGG, § 86 StGB, § 86a StGB.

Aber im Grundgesetz selbst ist Art. 146 GG enthalten. Dieser besagt folgendes

> *„Dieses Grundgesetz, das nach Vollendung der Einheit und Freiheit Deutschlands für das gesamte deutsche Volk gilt, verliert seine Gültigkeit an dem Tage, an dem eine Verfassung in Kraft tritt, die von dem deutschen Volke in freier Entscheidung beschlossen worden ist.“*

Die herrschende Lehre in der Rechtswissenschaft nimmt nun an, dass Art. 146 GG obsolet, nicht mehr relevant oder sogar verfassungswidrig sei.

Sie setzt sich aber nicht mit dem Umstand auseinander, - obwohl sie ihn immerhin erkennt -, dass das Grundgesetz mit einem doppelten „Geburtsmakel“ behaftet ist. Es festigte nämlich zum einen die deutsche Teilung und weist zum anderen ein demokratisches Defizit auf[24].

Das Grundgesetz trat bekanntlich gemäß den Art. 144 und 145 GG in vier Stufen in Kraft[25]

1) Schlussabstimmung im Plenum des Parlamentarischen Rates,
2) Genehmigungsschreiben der drei westlichen Militärgouverneure („Letter of Approval“) an den Präsidenten des Parlamentarischen Rates,
3) Zustimmung durch mindestens zwei Drittel der Landesparlamente über die Annahme des Grundgesetzes,
4) Feststellung der Annahme des Grundgesetzes, Ausfertigung und Verkündung durch den Parlamentarischen Rat.

Der Parlamentarische Rat bestand aus 65 Mitgliedern, die von den Landesparlamenten der drei westlichen Besatzungszonen gewählt worden waren, und fünf Mitgliedern aus Groß-Berlin, die nur eine beratende Stimme besaßen. Die Landesparlamente waren 1946 vom Volk gewählt worden.

Das alles geschah aber in einer Zeit, in der gemäß der „Erklärung in Anbetracht der Niederlage Deutschlands und der Übernahme der obersten Regierungsgewalt hinsichtlich Deutschlands durch die Regierungen des Vereinigten Königreichs, der Vereinigten Staaten von Amerika und der Union der Sozialistischen Sowjet-Republiken und durch die Provisorische Regierung der Französischen Republik“[26] die Siegermächte die oberste Regierungsgewalt in Deutschland übernommen hatten, also Deutschland unter Besatzungsrecht stand. In der Einleitung dieser Erklärung heißt es u.a.:

> *„Die Regierungen des Vereinigten Königreichs, der Vereinigten Staaten von Amerika, der Union der Sozialistischen Sowjet-Republiken und die Provisorische Regierung der Französischen Republik übernehmen hiermit die oberste Regierungsgewalt in Deutschland, einschließlich aller Befugnisse der deutschen Regierung, des Oberkommandos der Wehrmacht und der Regierungen, Verwaltungen oder Behörden der Länder, Städte und Gemeinden. Die Übernahme zu den vorstehend genannten Zwecken der besagten Regierungsgewalt und Befugnisse bewirkt nicht die Annektierung Deutschlands.“*

Außerdem fehlten im Parlamentarischen Rat Abgeordnete aus der sowjetisch besetzten Zone, also aus Mitteldeutschland. Schließlich wurde das Grundgesetz dem deutschen Volk **nicht** zur Abstimmung vorgelegt und entbehrt daher der Legitimation durch den Souverän.

Der Parlamentarische Rat empfand das Grundgesetz daher ausdrücklich als „Provisorium“[27], und der Abgeordnete Dr. Schmid von der SPD äußerte beispielsweise[28]

> *„Es ist ein guter und alter Brauch, dass eine Verfassung durch das Volk sanktioniert werden muss. Aber wir wollen ja hier keine Verfassung machen, sondern wir wollen ein Provisorium schaffen und haben nicht umsonst dieses Werk bescheiden ein Grundgesetz genannt.“*

Die herrschende Lehre in der Rechtswissenschaft nimmt nun eine Heilung dieser Gründungsmängel an und begründet dies mit der hohen Wahlbeteiligung bei der ersten Bundestagswahl am 14.08.1949, mit den über Jahrzehnten hinweg stattgefundenen Bundestagswahlen mit ihren hohen Wahlbeteiligungen und mit dem Beitritt der DDR zur BRD im Jahre 1990. Dadurch sei eine Perpetuierung eingetreten[29], also eine Anerkennung durch jahrzehntelange Übung und damit eine Legitimierung durch den Souverän.

Diese herrschende Meinung übersieht meines Erachtens aber, dass der Parlamentarische Rat und die erste Bundestagswahl unter Besatzungsrecht stattfanden und von einer Abstimmung einer Verfassung **in freier Selbstbestimmung des Volkes keine Rede** sein konnte. Auch danach fand keine Volksabstimmung über das Grundgesetz statt. Die herrschende Meinung übersieht meines Erachtens außerdem, dass es in Art. 1 Absatz 4 des **„Zwei-plus-Vier-Vertrages“**[30] heißt:

> *„Die Regierungen der Bundesrepublik Deutschland und der Deutschen Demokratischen Republik werden sicherstellen, dass die Verfassung des vereinten Deutschland keinerlei Bestimmungen enthalten wird, die mit diesen Prinzipien unvereinbar sind“.*

Die herrschende Meinung übersieht überdies Art. 5 des Einigungsvertrages[31] vom 31.08.1990, der folgendermaßen lautet:

> *„Die Regierungen der beiden Vertragsparteien empfehlen den gesetzgebenden Körperschaften des vereinten Deutschlands,*

sich innerhalb von zwei Jahren mit den im Zusammenhang mit der deutschen Einigung aufgeworfenen Fragen zur Änderung oder Ergänzung des Grundgesetzes zu befassen, insbesondere

... mit der Frage des Artikels 146 des Grundgesetzes und in deren Rahmen einer Volksabstimmung.“

Solche Bestimmungen wären doch nicht notwendig gewesen, wenn es eine Verfassung in der BRD gäbe, wenn das Grundgesetz die deutsche Verfassung wäre und wenn eine diesbezügliche Volksabstimmung stattgefunden hätte.

Da es diese Bestimmungen gibt, da es nach wie vor den Art. 146 GG gibt, und da unser Volk bisher das Grundgesetz **nicht** durch eine freie Entscheidung legitimiert hat, meine ich, dass das Grundgesetz **keine** Verfassung ist. Damit das Grundgesetz zu einer Verfassung wird, bedarf es meines Erachtens einer diesbezüglichen freien Entscheidung durch unser Volk. Bitte fragen Sie insofern die Verantwortlichen und senden uns dann deren Antworten, damit wir sie veröffentlichen können.

Frage 12: Gilt in der BRD auch heute noch Besatzungsrecht?

Es gibt Druckschriften und Texte im Internet, in denen geäußert wird, dass die BRD auch heute noch unter Besatzungsrecht stünde. Hierzu ist folgendes auszuführen:

Im **„Deutschlandvertrag“**[32] heißt es insofern in Art. 1 Absatz 2:

> *„Mit dem Inkrafttreten dieses Vertrages und der in Art. 8 aufgeführten Verträge ... werden die Drei Mächte das Besatzungsstatut aufheben und die Alliierte Hohe Kommission sowie die Dienststellen der Landeskommissare auflösen.“*

Im **„Überleitungsvertrag“**[33] heißt es in Art. 1:

> *„Die Organe der Bundesrepublik und der Länder sind gemäß ihrer im Grundgesetz festgelegten Zuständigkeit befugt, von den Besatzungsbehörden erlassene Rechtsvorschriften aufzuheben oder zu ändern, sofern im Vertrag über die Beziehungen zwischen der Bundesrepublik Deutschland und den Drei Mächten oder die in dessen Artikel 8 aufgeführten Zusatzverträgen nichts anderes bestimmt ist. Bis zu einer solchen Aufhebung oder Änderung bleiben von den Besatzungsbehörden erlassenen Rechtsvorschriften in Kraft. Vom Kontrollrat erlassene Rechtsvorschriften dürfen weder aufgehoben noch geändert werden. Rechtsvorschriften, durch welche die vorläufigen Grenzen der Bundesrepublik festgelegt worden sind, oder die nach anderen Bestimmungen des Vertrages über die Beziehungen zwischen der Bundesrepublik Deutschland und den Drei Mächten oder der Zusatzverträge in Kraft bleiben, dürfen nur mit Zustimmung der Drei Mächte geändert oder aufgehoben werden.“*

Damit war es der BRD damals unter anderem gemäß Art. 2 des Deutschlandvertrages **nicht** erlaubt, Besatzungsrecht aufzuheben, das sich mit der Stationierung von Streitkräften in Deutschland, mit Berlin, mit Deutschland als Ganzem oder mit einem Friedensvertrag beschäftigte. Die übrigen Bestimmungen durfte die BRD aufheben.

Dies tat sie dann auch und erließ in der Folgezeit vier Gesetze zur Aufhebung des Besatzungsrechts erlassen, nämlich das Erste Gesetz zur Aufhebung des Besatzungsrechts von 1956[34],

das Zweite Gesetz zur Aufhebung des Besatzungsrechts von 1956[35],

das Dritte Gesetz zur Aufhebung des Besatzungsrechts von 1958[36],

das Vierte Gesetz zur Aufhebung des Besatzungsrechts von 1960[37].

Darin hob sie viele Regelungen des Besatzungsrechts auf, aber längst nicht alle. Ein großer Teil des Besatzungsrechts galt also weiter.

Im **„Zwei-plus-Vier-Vertrag“** von 1990[38] heißt es dann in Art. 7:

> *„Die Französische Republik, das Vereinigte Königreich Großbritannien und Nordirland, die Union der Sozialistischen Sowjetrepubliken und die Vereinigten Staaten von Amerika beenden hiermit ihre Rechte und Verantwortlichkeiten in Bezug auf Berlin und Deutschland als Ganzes. Als Ergebnis werden die entsprechenden, damit zusammenhängenden vierseitigen Vereinbarungen, Beschlüsse und Praktiken beendet und alle entsprechenden Einrichtungen der Vier Mächte aufgelöst.“*

Kurz davor hatte es aber noch die **„Vereinbarung vom 27./28. September 1990“**[39] gegeben. Seine Ziffer 1 lautet:

> *„... („Deutschlandvertrag“) ... tritt mit dem Inkrafttreten des Vertrages über die abschließende Regelung in bezug auf Deutschland, unterzeichnet in Moskau am 12. September 1990, außer Kraft.“*

Seine Ziffer 2 lautet:

> *„Vorbehaltlich der Ziffer 3 ... („Überleitungsvertrag“) gleichzeitig mit dem Deutschlandvertrag ... außer Kraft ...«*

Damit wurden der Deutschlandvertrag vollständig und der Überleitungsvertrag zum großen Teil außer Kraft gesetzt. Gültig blieben jedoch immer noch einige Vorschriften, darunter Art. 1 Absatz 1 Satz 1 des Überleitungsvertrages[40]. Dieser lautet:

> *„Die Organe der Bundesrepublik und der Länder sind gemäß ihrer im Grundgesetz festgelegten Zuständigkeit befugt, von den Besatzungsbehörden erlassene Rechtsvorschriften aufzuheben oder zu ändern.“*

Das bedeutet, dass die drei Westalliierten es der BRD überließen, den Rest des Besatzungsrechtes aufzuheben. Es dauerte dann aber noch 17 Jahre, bis die BRD dies im Jahre 2007 umsetzte und das **„Zweite Gesetz über die Bereinigung von Bundesrecht im Zuständigkeitsbereich des Bundesministeriums der Justiz“**[41] erließ.

Art. 4 § 1 dieses Gesetzes lautet:

> *„(1) Die von den Besatzungsbehörden erlassenen Rechtsvorschriften (Besatzungsrecht), insbesondere solche nach Artikel 1 Abs. 3 des ... (Überleitungsvertrag), werden aufgehoben, soweit sie nicht in Bundes- oder Landesrecht überführt worden sind und zum Zeitpunkt ihres Inkrafttretens Regelungsgebiete betrafen, die den Artikeln 73, 74 und 75 des Grundgesetzes zuzuordnen waren.“*[42 A]
>
> *(2) Von der Aufhebung ausgenommen ist das Kontrollratsgesetz Nr. 35 über Ausgleichs- und Schiedsverfahren in Arbeitsstreitigkeiten ...“*

Art 4 § 2 dieses Gesetzes legt die Folgen der Aufhebung des Besatzungsrechtes so fest:

> *„Rechte und Pflichten, die durch gesetzgeberische gerichtliche oder Verwaltungsmaßnahmen der Besatzungsbehörden oder auf Grund solcher Maßnahmen begründet oder festgestellt worden sind, bleiben von der Aufhebung unberührt und bestehen nach Artikel 2 Abs. 1 Satz 1 des Ersten Teils des Überleitungsvertrages fort. Durch die Aufhebung werden weder frühere Rechtszustände wiederhergestellt noch Wiederaufnahme-, Rücknahme- oder Widerrufstatbestände begründet. Tatbestandliche Voraussetzungen von Besatzungsrecht, die bis zum Inkrafttreten dieses Gesetzes nicht erfüllt worden sind, können nicht mehr erfüllt werden. Aufgehobene Rechtsvorschriften bleiben auch für die Zukunft auf Tatbestände und Rechtsverhältnisse anwendbar, die während der Geltung der Rechtsvorschriften erfüllt waren oder entstanden sind. Die Aufhebung von Besatzungsrecht lässt Verweisungen hierauf unberührt.“*

Art. 2 I 1 des Ersten Teils des Überleitungsvertrages wiederum lautet folgendermaßen[42 B]:

> *„Alle Rechte und Verpflichtungen, die durch gesetzgeberische, gerichtliche oder Verwaltungsmaßnahmen der Besatzungsbehörden oder auf Grund solcher Maßnahmen begründet oder festgestellt worden sind, sind und bleiben in jeder Hinsicht nach deutschem Recht in Kraft, ohne Rücksicht darauf, ob sie in Übereinstimmung mit anderen Rechtsvorschriften begründet oder festgestellt worden sind. Diese Rechte und Verpflichtungen unterliegen ohne Diskriminierung denselben künftigen gesetzgeberischen, gerichtlichen und Verwaltungsmaßnahmen wie gleichartige nach innerstaatlichem deutschem Recht begründete oder festgestellte Rechte und Verpflichtungen."*

Art. 2 I 1 des „Überleitungsvertrages" hat damit einen ähnlichen Wortlaut wie Art. 4 § 3 des „Zweiten Gesetzes über die Bereinigung von Bundesrecht ...", enthält aber noch die Worte

> *„sind und bleiben in jeder Hinsicht nach deutschem Recht in Kraft."*

Das Zusammenspiel dieser Vorschriften bedeutet meines Erachtens, dass ab dem 30.11.2007 das Besatzungsrecht zwar nicht mehr gilt. Durch die oben genannten Gesetze bejaht die BRD aber meines Erachtens die **Folgen** des Besatzungsrechtes und anerkennt sie als eigene Gesetze und als **eigenes Recht.**

Diese Vorschrift bedeutet meines Erachtens, dass ab dem 30.11.2007 das Besatzungsrecht nicht mehr gilt. Durch die oben genannten Gesetze bejaht die BRD aber die **Folgen** des Besatzungsrechtes und anerkennt sie als eigene Gesetze und als **Recht.** Die diesbezüglichen Gesetze der BRD könnten im Übrigen jederzeit vom Deutschen Bundestag wieder aufgehoben werden. Bitte fragen Sie insofern die Verantwortlichen und senden uns dann deren Antworten, damit wir sie veröffentlichen können.

Frage 13: Gilt gemäß Art. 139 GG Besatzungsrecht weiter?

Art. 139 GG lautet folgendermaßen:

> *„Die zur „Befreiung des deutschen Volkes vom Nationalsozialismus und Militarismus" erlassenen Rechtsvorschriften werden von den Bestimmungen dieses Grundgesetzes nicht berührt."*

Hohe deutsche Gerichte und der Standardkommentar zum Grundgesetz halten Art. 139 GG aber für obsolet, also für gegenstandslos[43]. Sie begründen dies folgendermaßen:

Bei den oben genannten Rechtsvorschriften zur Befreiung des deutschen Volkes vom Nationalsozialismus und Militarismus handelt es sich um die Gesetze 3, 5 und 11 des Obersten Befehlshabers der Alliierten Streitkräfte (SHAEF), also des „Supreme Headquarters Allied Expeditionary Forces", das von Mitte Februar 1944 bis zum 14.07.1945 bestand. Zumindest das Gesetz Nr. 5 wurde durch das „Dritte Gesetz zur Aufhebung des Besatzungsrechts" [44] aufgehoben. Die restlichen Gesetze dürften spätestens durch das **„Zweite Gesetz über die Bereinigung von Bundesrecht im Zuständigkeitsbereich des Bundesministeriums der Justiz" von 2007**[45] aufgehoben worden sein.

Zwar handelt es sich bei der Vorschrift des Art. 139 GG um eine solche des Grundgesetzes, also des höchstrangigsten deutschen Gesetzes. Als solches bricht es an sich widersprechende einfache, also niederrangige Gesetze, also zum Beispiel die oben genannten Gesetze zur Aufhebung des Besatzungsrechtes.

Aber Art. 139 GG verstößt selbst gegen das Grundrecht auf Meinungsfreiheit des Art. 5 GG. Dieser Artikel steht innerhalb des Grundgesetzes höher als die übrigen Vorschriften des Grundgesetzes, also auch höher als der Art. 139 GG. Art. 5 GG wiederum bricht den Art. 139 GG. Art. 139 GG ist eine verfassungswidrige Verfassungsnorm und daher nicht anwendbar[46].

Ich bleibe daher bei meiner Meinung, dass auch trotz des Art. 139 GG das Besatzungsrecht in der BRD nicht mehr gilt. Bitte fragen Sie insofern die Verantwortlichen und senden uns dann deren Antworten, damit wir sie veröffentlichen können.

Frage 14: Befinden sich die NATO-Truppen aufgrund des Besatzungsrechtes in der BRD?

Ursprünglich: Ja, aber heute: Nein. Sie befinden sich aufgrund der folgenden Gesetze in der BRD:

des **„Aufenthaltsvertrages“**[47]

des **„NATO-Truppenstatutes“**[48],

des **„Zusatzabkommens zum NATO-Truppenstatut“**[49]

Diese Gesetze hat der Deutsche Bundestag beschlossen.

An der **tatsächlichen Lage** hatte sich dadurch nichts geändert, die ausländischen Truppen befanden sich vorher und nachher in der BRD. **Rechtlich** gesehen, hatte sich die Lage aber durch diese Gesetze ganz und gar geändert:

Vor dem Inkrafttreten befanden sich die ausländischen Streitkräfte aufgrund des Umstandes hier, dass die Siegermächte mit Waffengewalt Deutschland besiegt und unterworfen, also bezwungen hatten. Es galt Besatzungsrecht. Die ausländischen Streitkräfte in der BRD waren Besatzungstruppen der Siegermächte, sie hatten die **Macht** inne. Die Deutschen waren die Besiegten und Unterworfenen und hatten sich der Macht und dem Zwang der Vier Alliierten zu beugen, - vom Recht ist in diesem Zusammenhang nicht die Rede.

Durch die genannten Gesetze über die NATO bejahte die BRD die Stationierung ausländischer Truppen in der BRD und erkannte sie als eigenes Gesetz und als **Recht** an. **Nach** dem Inkrafttreten der oben genannten Gesetze sieht sich die BRD nicht mehr als Besiegte, sondern als Partnerin. Sie beugt sich nicht mehr der Macht der Sieger, sondern den oben genannten Gesetzen und Verträgen. Sie spricht im Zusammenhang mit der Anwesenheit ausländischer Soldaten nicht mehr von Niederlage, von Besatzung, von Zwang, von Macht, sondern von - Recht. Die diesbezüglichen Gesetze der BRD könnten im Übrigen jederzeit vom Deutschen Bundestag wieder aufgehoben werden.

Bitte fragen Sie insofern die Verantwortlichen und senden uns dann deren Antworten, damit wir sie veröffentlichen können.

Frage 15: Ist die BRD souverän?

Die herrschende Meinung unter Politikern, Medien und Juristen bejaht dies und hält die **BRD für einen souveränen Staat. So steht es jedenfalls auf dem Papier.**

In der Präambel des **„Zwei-plus-Vier-Vertrages“**[50] heißt es beispielsweise:

> *„In Würdigung dessen, dass das deutsche Volk in freier Ausübung des Selbstbestimmungsrechts seinen Willen bekundet hat, die staatliche Einheit Deutschlands herzustellen, um als gleichberechtigtes und souveränes Glied in einem vereinten Europa dem Frieden der Welt zu dienen ...“*

Von offizieller Seite, nämlich vom Europaparlament, erfahren wir die folgende Definition[51]: Souveränität bedeutet, dass ein Staat

- völlig unabhängig von anderen Mächten über die höchste Entscheidungs- und Herrschaftsgewalt im Innern verfügt,
- frei und unabhängig seine Gesellschafts- und Staatsordnung gestaltet,
- die Innen- und Außenpolitik selbst bestimmt,
- in einer Demokratie seine Staatsgewalt durch die Zustimmung zur Verfassung und die Wahl der Legislative legitimiert hat,
- jede Fremdherrschaft und jede Einmischung in innere Angelegenheiten von außen ausgeschlossen hat,

also sagen wir es kurz und bündig: Ein Staat ist souverän, wenn er Herr im eigenen Haus ist.

Nun zur Wirklichkeit:

Die Art. 8 und 11 des **„Einigungsvertrages“**[52] bestimmen, dass **in den alten Bundesländern** auch nach der Wiedervereinigung insgesamt 8 völkerrechtliche Verträge, Vereinbarungen, Abkommen, Protokolle und Notenwechsel ihre Gültigkeit für die BRD behalten. Dabei handelt es sich gemäß Anlage I Kap II Anlage I Kapitel I[53], vor allem um die folgenden, also nach wie vor gültigen Verträge:

den **„Aufenthaltsvertrag“**[54],
das **„NATO-Truppenstatut“**[55],

das **„Zusatzabkommen zum NATO-Truppenstatut“**[56].

Nach diesem Regelwerk befinden sich in der BRD in den alten Bundesländern - also **nicht** in den neuen Bundesländern! - zurzeit etwa 58.000, vielleicht sogar bis zu 72.500 - unter dem Schutz des NATO-Truppenstatuts stehenden Personen, die sogar noch Atomwaffen besitzen. Die BRD ist ihnen gegenüber zum Beispiel verpflichtet, auf ihrem eigenen Territorium

- gemäß Art. IX (3) des NATO-Truppenstatutes geeignete Liegenschaften für diese Personen zu beschaffen und zur Verfügung zu stellen,
- gemäß Art. 1 (2) des Aufenthaltsvertrages zu dulden, dass die Zahl der NATO-Truppen ohne Zustimmung der BRD jederzeit für kürzere als 30 Tage andauernde Manöver erhöht werden darf,
- gemäß Art. VI des NATO-Truppenstatutes zu dulden, dass NATO-Angehörige bewaffnet sind und sich im gesamten Territorium der BRD frei bewegen dürfen,
- gemäß Art. VII (3) (a) (ii) des NATO-Truppenstatutes zu dulden, dass Straftäter schwerwiegender Taten, die unter dem Schutz des NATO-Truppenstatuts stehen, wegen an Deutschen in Deutschland begangener Verbrechen, zum Beispiel wegen Totschlags oder Vergewaltigung n i c h t von deutschen Behörden und Gerichten verfolgt werden dürfen,
- gemäß Art. VII (2) (a) und (c) (ii) zu dulden, dass ausländische Behörden Personen strafrechtlich verfolgen, obwohl diese nach deutschem Recht keine Straftat begangen haben, zum Beispiel wegen Spionage gegen ein anderes NATO-Mitgliedsland,
- gemäß Art. 3 (2) und (3) des Zusatzabkommens zum NATO-Truppenstatut mit die NATO-Truppen zu unterstützen, also insbesondere Nachrichten zu sammeln und auszutauschen, die für die Entsendestaaten und ihre Truppen von Bedeutung sind,

und die BRD ist

- gemäß Art. VIII (l) und (4) des NATO-Truppenstatutes **nicht** berechtigt, insofern Schadensersatzansprüche zu stellen,

- gemäß Art. X (1) des NATO-Truppenstatutes n i c h t berechtigt, Steuern von den NATO-Angehörigen zu erheben und
- gemäß Art. 80A des NATO-Truppenstatutes n i c h t berechtigt, Rechtsmittel dagegen einzulegen.

Damit können Sie die Frage nach der Souveränität der BRD - betrachtet allein unter dem Blickwinkel des NATO-Truppenstatutes - selbst beantworten. Die BRD ist im Übrigen berechtigt, jederzeit aus der NATO auszutreten. Bitte fragen Sie insofern die Verantwortlichen und senden uns dann deren Antworten, damit wir sie veröffentlichen können. Ich möchte in diesem Zusammenhang nochmals darauf hinweisen, dass sich die Regelungen aufgrund des NATO-Truppenstatutes **nicht** aus dem Besatzungsrecht ergeben, sondern aufgrund der vom Deutschen Bundestag beschlossenen diesbezüglichen Gesetze, und dass diese Gesetze jederzeit vom Bundestag wieder aufgehoben werden können.

Bitte fragen Sie insofern die Verantwortlichen und senden uns dann deren Antworten, damit wir sie veröffentlichen können.

Auf die Bestimmungen, die sich aus der Mitgliedschaft der BRD in der EU ergeben, und die ebenfalls die Souveränität der BRD einschränken, will ich hier aus Platzgründen gar nicht eingehen.

Frage 16: Gibt es einen Friedensvertrag, der den Zweiten Weltkrieg beendet?

Die herrschende Meinung unter Politikern, Medien und Juristen bejaht dies und hält den „Zwei-plus-Vier-Vertrag“ dafür.

In der Präambel des **„Zwei-plus-Vier-Vertrages“**[57] heißt es:

> *„In Würdigung dessen, dass das deutsche Volk in freier Ausübung des Selbstbestimmungsrechts seinen Willen bekundet hat, die staatliche Einheit Deutschlands herzustellen, um als gleichberechtigtes und souveränes Glied in einem vereinten Europa dem Frieden der Welt zu dienen ...“*

In Art. 2 heißt es:

> *„Die Regierungen der Bundesrepublik Deutschland und der Deutschen Demokratischen Republik bekräftigen ihre Erklärungen, dass von deutschem Boden nur Frieden ausgehen wird.“*

Die herrschende Meinung übersieht meines Erachtens aber, dass sich in diesem Artikel nur die deutsche Seite zum Frieden verpflichtet. Ein **Vertrag** liegt aber nur dann vor, wenn sich beide oder alle Vertragspartner zu etwas, also in diesem Falle zum Frieden, verpflichten. Damit stellt dieser Artikel meines Erachtens nur eine einseitige Erklärung, aber keinen Friedensvertrag dar.

Außerdem führten nicht nur die Vier Mächte im Zweiten Weltkrieg Krieg mit Deutschland, sondern laut des Internetlexikons Wikipedia zum Stichwort „Kriegsführende Staaten im Zweiten Weltkrieg“ hatten die folgenden weiteren Staaten Deutschland den Krieg erklärt bzw. waren mit Deutschland in kriegerische Handlungen verwikkelt:

Ägypten,
Argentinien,
Äthiopien,
Australien,
Belgien,
Bolivien,
Brasilien,
Bulgarien,
Chile,

Dänemark,
Dominikanische Republik,
Ecuador,
El Salvador,
Finnland,
Griechenland,
Guatemala,
Honduras,
Indien,
Irak,
Iran,
Italien,
Jugoslawien,
Kanada,
Kolumbien,
Kuba,
Libanon,
Liberia,
Luxemburg,
Mexiko,
Neuseeland,
Nicaragua,
Niederlande,
Norwegen,
Panama,
Paraguay,
Peru,
Philippinen,
Polen,
Rumänien,
Saudi-Arabien,
Südafrika,
Syrien,
Türkei,
Tschechoslowakei,
Tuwinische Volksrepublik, ein bis 1944 bestehender Staat in Sibirien,
Ungarn,
Uruguay,
Venezuela.

Um den Zweiten Weltkrieg mit einem Friedensvertrag wirksam zu beenden, hätte Deutschland ihn meines Erachtens mit **allen** an diesem Krieg beteiligten Staaten schließen müssen. Da der „Zwei-plus-Vier-Vertrag“ aber nur mit den Staaten Frankreich, Großbritannien, Sowjetunion und USA abgeschlossen wurde, ist er meines Erachtens kein wirksamer Friedensvertrag, der den Zweiten Weltkrieg beendet hat.

Es kommt noch folgendes hinzu:

Gemäß Art 3 des Vertrages über den Aufenthalt ausländischer Streitkräfte in der Bundesrepublik Deutschland von 1954[58] tritt dieser Vertrag außer Kraft mit dem Abschluss einer friedensvertraglichen Regelung mit Deutschland. In Art. 8 in Verbindung mit Anlage I Kap I Anlage I Kapitel I Abschnitt I des Einigungsvertrages, ist der Aufenthaltsvertrag in den alten Bundesländern ausdrücklich als weiterhin wirksam genannt worden.

Wenn es sich also bei dem Zwei-plus-Vier-Vertrag von 1990 um einen Friedensvertrag handeln würde, hätte im Einigungsvertrag der Aufenthaltsvertrag als unwirksam erklärt werden müssen. Da der Aufenthaltsvertrag aber als weiterhin wirksam in den alten Bundesländern bezeichnet worden ist, zeigt dies meines Erachtens, dass der Zwei-plus-Vier-Vertrag eben kein Friedensvertrag ist.

Ich bin daher entgegen der herrschenden Meinung der Auffassung, dass die BRD keinen Friedensvertrag abgeschlossen hat. Bitte fragen Sie insofern die Verantwortlichen und senden uns dann deren Antworten, damit wir sie veröffentlichen können.

Frage 17: Befindet sich die BRD daher noch im Krieg mit den genannten Staaten?

Die einhellige Meinung unter Politikern, Medien und Juristen verneint dies.

Die klassische kontinentale Kriegsauffassung definierte den Krieg als eine mit Waffengewalt zwischen Staaten ausgetragene Auseinandersetzung mit dem politischen Ziel, dem Gegner den eigenen Willen aufzuzwingen. Das Ziel war erreicht, wenn das militärische Instrument des Gegners überwunden war[59]. Ein Krieg begann mit der einseitigen, empfangsbedürftigen Kriegserklärung oder dem Ultimatum mit bedingter Kriegserklärung. Im Krieg waren die Regeln des Haager Kriegsrechtes, unter anderem die er Haager Landkriegsordnung, also des „Abkommens betreffend die Gesetze und Gebräuche des Landkrieges“ von 18.10.1907[60], zu beachten. Ein Krieg endete meist mit einem Friedensvertrag[61].

Bereits während und besonders nach dem Zweiten Weltkrieg hat sich die Wirklichkeit des Krieges aber radikal verändert. Auch aufgrund des amerikanischen Einflusses in der Welt sind die damaligen Regeln weitgehend überholt[62]. Man spricht daher heute nicht mehr vom „Krieg“, sondern nur noch von „internationalen bewaffneten Konflikten“.

Denn schließlich sind ja heute fast alle Staaten Mitglied der „Vereinten Nationen (UNO), und dort darf gemäß Art. 4 (1) der Charta der Vereinten Nationen[63] ein Staat nur dann Mitglied sein, wenn er friedliebend ist. Kriegführende Staaten gibt es damit also eigentlich nicht mehr.

Außerdem haben seit dem Zweiten Weltkrieg nicht nur Staaten Auseinandersetzungen mit Waffengewalt gegeneinander ausgetragen, sondern dies taten auch nicht-staatliche Organisationen, also Aufständische, Befreiungsbewegungen, Terroristen usw. gegen Staaten oder gegeneinander.

Ein internationaler bewaffneter Konflikt beginnt und endet nach der heutigen Anschauung mit dem faktischen, also t**atsächlichen** Beginn und der faktischen Einstellung der Handlungen, - also es wird einfach wie im Wilden Westen losgeschossen. Wer dann zuerst am Boden liegt, hat verloren. Das Ende eines solchen Konfliktes tritt dann ein, wenn jeglicher Waffeneinsatz endet und wenn keine regelungsbedürftigen Sachverhalte für das Konfliktrecht mehr vorhanden sind, also wenn die Maßnahmen

- der Besetzung des gegnerischen Territoriums,
- der Festhaltung von Kriegsgefangenen,
- der Internierung von Zivilpersonen

beendet sind[64].

Wende ich diese Maßstäbe auf Deutschland an, so stelle ich folgendes fest: Seit der militärischen Kapitulationsurkunde vom 08.05.1945[65] schweigen in Deutschland die Waffen. Die letzten deutschen Kriegsgefangenen verließen Russland im Jahre 1955. Rudolf Hess starb am 17.08.1987 in Berlin-Spandau. Durch Art. 1 (2) und (3) des „Zwei-plus-Vier-Vertrages" hat die BRD am 13.1990 die Oder-Neiße als Grenze anerkannt und bekräftigt, dass sie keine Gebietsansprüche gegen andere Staaten hat[66]. Die Besatzung ist durch Art. 4 § 1 und 2 des „Zweiten Bereinigungsgesetzes" vom 23.11.2007[67] in der BRD beendet worden. Der letzte deutsche Kriegsgefangene Erich Priebke starb am 11.10.2013 in Rom.

Damit wüsste ich nicht, welche regelungsbedürftigen Sachverhalte des Zweiten Weltkrieg noch vorhanden sein sollen. Ich stimme daher der herrschenden Meinung zu, dass der Zweite Weltkrieg jedenfalls heute beendet ist und in Deutschland kein Krieg mehr herrscht. Bitte fragen Sie insofern die Verantwortlichen und senden uns dann deren Antworten, damit wir sie veröffentlichen können.

Frage 18: Ist die BRD ein Feindstaat gemäß der Charta der Vereinten Nationen?

Die einhellige Meinung unter Politikern, Medien und Juristen verneint dies. Sie meinen, dass die Feinstaatenklauseln heute keine praktische Relevanz, also keine praktische Bedeutung, mehr hätten[68].

Die Feindstaatenklauseln finden sich in den Artikel 53, 77 und 107 der Charta der Vereinten Nationen vom 24.10.1945[69] und lauten folgendermaßen:

> *(1) „Der Sicherheitsrat nimmt gegebenenfalls diese regionalen Abmachungen oder Einrichtungen zur Durchführung von Zwangsmaßnahmen unter seiner Autorität in Anspruch. Ohne Ermächtigung des Sicherheitsrats dürfen Zwangsmaßnahmen auf Grund regionaler Abmachungen oder seitens regionaler Einrichtungen nicht ergriffen werden; ausgenommen sind Maßnahmen gegen einen Feindstaat im Sinne des Absatzes 2, soweit sie in Artikel 107 oder in regionalen, gegen die Wiederaufnahme der Angriffspolitik eines solchen Staates gerichteten Abmachungen vorgesehen sind; die Ausnahme gilt, bis der Organisation auf Ersuchen der beteiligten Regierungen die Aufgabe zugewiesen wird, neue Angriffe eines solchen Staates zu verhüten.*
>
> *(2) Der Ausdruck „Feindstaat" im Absatz 1 bezeichnet jeden Staat, der während des Zweiten Weltkrieges Feind eines Unterzeichners dieser Charta war."*

Art. 107 der Charta der Vereinten Nationen vom 24.10.1945 lautet folgendermaßen:

> *„Maßnahmen, welche die hierfür verantwortlichen Regierungen als Folge des Zweiten Weltkrieges in Bezug auf einen Staat ergreifen oder genehmigen, der während dieses Krieges Feind eines Unterzeichnerstaates dieser Charta war, werden durch diese Charta weder außer Kraft gesetzt noch untersagt."*

Der Begriff des „Feindstaates" kommt schließlich noch in Art. 77 der Charta der Vereinten Nationen vom 24.10.1945 vor und lautet:

„Das Treuhandsystem findet auf die zu den folgenden Gruppen gehörenden Hoheitsgebiete Anwendung, soweit sie auf Grund von Treuhandabkommen in dieses System einbezogen werden ...

b) Hoheitsgebiete, die infolge des Zweiten Weltkrieges von Feindstaaten abgetrennt werden; ...“

Das bedeutet, dass die Siegermächte des Zweiten Weltkrieges gegenüber den Feindstaaten in ihren Handlungen **nicht** durch das in Art. 1 und Art 2 der Charta der Vereinten Nationen verankerte Gebot, den Weltfrieden und die internationale Sicherheit zu wahren, eingeschränkt sind. Sie sind vielmehr berechtigt, Zwangsmaßnahmen gegen die Feindstaaten **ohne** eine Ermächtigung des Sicherheitsrates durchzuführen.

Da zu den Unterzeichnern der Charta der Vereinten Nationen auch die USA gehören, und da das Deutsche Reich am 11.12.1941 den USA den Krieg erklärt hatte, ist die mit dem Deutschen Reich identische BRD unzweifelhaft ein Feindstaat.

Die überwiegende Völkerrechtslehre meint nun aber, dass die Feinstaatenklauseln durch den Beitritt der BRD zu den Vereinten Nationen am 18.09.1973 als 134. Mitglied obsolet, also bedeutungslos geworden seien. Denn die BRD hat das Gewaltverbot des Art. 2 Nr. 4 der Charta der Vereinten Nationen und das Interventionsverbot des Art. 2 Nr. 7 Charta der Vereinten Nationen anerkannt und fällt zugleich unter das Prinzip der souveränen Staaten des Art. 2 Nr. 1 der Charta der Vereinten Nationen, was die Diskriminierung als Feindstaat verbiete[70]. Die herrschende Meinung führt überdies zur Bestätigung ihrer Auffassung die Resolution 50/52 der Generalversammlung der 87. Plenarsitzung vom 11.12.1995 an.

Diese Resolution enthält den folgenden Wortlaut[71]:

„Die Generalversammlung ...

Kenntnis nehmend, von der Empfehlung des Sonderausschusses zu den rechtlichen Maßnahmen, die bezüglich der Frage der Streichung der „Feindstaaten“-Klauseln in den Artikel 53, 77 und 107 der Charta der Vereinten Nationen am besten zu ergreifen sind, in der Erwägung, dass die „Feindstaaten"-Klauseln in den Artikel 53, 77 und 107 der Charta in Anbetracht der weitreichenden Veränderungen, die in der Welt eingetreten sind, hinfällig geworden sind,

feststellend, dass die Staaten, auf die sich diese Klauseln bezogen haben, Mitglieder der Vereinten Nationen sind und einen wertvollen Beitrag zu allen Bemühungen der Organisation leiten,

unter Berücksichtigung des komplexen Prozesses, der mit einer Änderung der Charta verbunden ist, ...

3. bringt seine ***Absicht*** *zum Ausdruck, auf ihrer nächsten geeigneten Tagung das in Artikel 108 der Artikel 53, 77 und 107 der Charta der Vereinten Nationen vorgesehene Verfahren für eine Änderung der Charta, mit in die Zukunft gerichteter Wirkung, durch Streichung der „Feindstaaten"-Klauseln in den Artikeln 53, 77 und 107* ***einzuleiten****; ...*

Diese Resolution enthält also meines Erachtens nur eine **Absicht**, ein diesbezügliches Verfahren zur Änderung der Charta der Vereinten Nationen **einzuleiten** und die Feindstaatenklauseln zu streichen. Danach geschah aber **nichts.** Es blieb bei der diesbezüglichen Absicht. Das Verfahren zur Streichung der Feindstaatenklauseln wurde noch nicht einmal eingeleitet, geschweige denn wurden diese Klauseln tatsächlich gestrichen.

Im Gegensatz zur herrschenden Lehre meine ich daher, dass die Feindstaatenklauseln nach wie vor gelten, und dass die BRD daher nach wie vor als „Feindstaat" angesehen werden kann. Bitte fragen Sie insofern die Verantwortlichen und senden uns dann deren Antworten, damit wir sie veröffentlichen können.

Abschließend stelle ich daher fest:

Die BRD hat keinen Friedensvertrag, befindet sich aber auch nicht im Krieg und ist nach wie vor ein Feindstaat. Das nach dem Zweiten Weltkrieg geltende Besatzungsrecht ist in der BRD zwar aufgehoben, aber die BRD erkennt seine Folgen als eigene Rechte und Pflichten an. Die BRD hat ein Grundgesetz, das den Inhalt einer Verfassung hat, aber vom Volk nicht in freier Entscheidung beschlossen worden ist, und ihre Souveränität ist im Hinblick auf ihre Mitgliedschaft in der NATO und in der EU ziemlich ausgedünnt. In den letzten Jahrzehnten sind den Bürgern Grundrechte und Möglichkeiten der Kontrolle durch die Privatisierung zahlreicher staatlicher Stellen verloren gegangen. Fordern Sie also mit mir:

1) eine Abstimmung des Volkes über die zu geltende Verfassung,
2) die Wiederherstellung der vollen Souveränität unseres Volkes,
3) den Abschluss von Friedensverträgen,
4) die Streichung der UNO-Feindstaatenklauseln,
5) die Beendigung und Rücknahme der Privatisierung staatlicher Aufgaben!

Quellenverzeichnis
»Fragen zur staats- und völkerrechtlichen Lage Deutschlands«

[1] https://wikipedia.org/wiki/Staatsgewalt und Bader: Staat-Wirtschaft-Gesellschaft, 1971, S. 8

[2] OLG Celle, Beschluss vom 19.10.2007, Az. 32 Ss 90/07

[3] OLG Jena, Urteil vom 31.03.2008, Az. 1 Ss 137/08

[4] OVG Münster, Beschluss vom 22.11.2016, Az. 19 A 1457/16, zu finden in NJW 2017, 424

[5] www.upik.de

[6] www.deutsche-finanzagentur.de

[7] Vertrag vom 31. August 1990 zwischen der Bundesrepublik Deutschland und der Deutschen Demokratischen Republik über die Herstellung der Einheit Deutschlands

- Einigungsvertragsgesetz -, umgesetzt durch das Gesetz zu dem Vertrag vom 31. August 1990 zwischen der Bundesrepublik und der Deutschen Demokratischen Republik über die Herstellung der Einheit Deutschlands

- Einigungsvertragsgesetz - und der Vereinbarung vom 18. September 1990 vom 23.09.1990, verkündet am 28.09.1990 im BGBl. 1990 Teil II, Seiten 885 ff., 889 bis 1245

[8] (Sechstes Überleitungsgesetz) vom 25.09.1990, verkündet am 29.09.1990 im BGBl. 1990 Teil I, Seite 2106, 2153

[9] Vereinbarung vom 27./28. September 1990 zu dem Vertrag über die Beziehungen zwischen der Bundesrepublik Deutschland und den Drei Mächten (in der geänderten Fassung) sowie zu dem Vertrag zur Regelung aus Krieg und Besatzung entstandener Fragen (in der geänderten Fassung) vom 08.10.1990, verkündet am 08.10.1990 im BGBl. 1990, Teil II, Seite 1386 ff.

[10] Vertrag vom 12. September 1990 über die abschließende Regelung in bezug auf Deutschland, umgesetzt durch das Gesetz zu dem Vertrag vom 12. September 1990 über die abschließende Regelung in bezug auf Deutschland vom 11.10.1990, verkündet am 13.10.1990 im BGBl. 1990 Teil II, Seiten 1317 ff.

[11] Urteil des BVerfG vom 24.04.1991, Az. BvR 1341/90, zu finden im BGBl 1991, Teil I S. 1215

[12] SozGer Berlin, Gerichtsbescheid vom 22.09.1993, Az. S 92 4332, zu finden unter www.krr-raq.net/sozurt.html

[13] OVG Münster, Beschluss vom 22.11.2016, Az. 19 A 1457/16, zu finden in NJW 2017, 424

[14] BGH, Urteil vom 04.02.1955, Az. V ZR 112/52, zu finden in BGHZ 16, 234, 238

[15] Urteil des BVerfG vom 31.07.1973, Az. 2 BvF 1/73, zu finden in BVerfGE 36,1

[16] SozGer Dresden, Urteil vom 15.05.2013, Az. S 5 SV 31/13, zu finden unter www.sozialgerichtsbarkeit.de

und AG Duisburg, Beschluss vom 26.01.2006, Az. 46 K 361/04, zu finden in http://openjur.de/u/111724.html

[17] Verfassung des Deutschen Reiches vom 31.07.1919, ausgefertigt am 11.08.1919 und verkündet am 14.08.1919, zu finden in www.documentarchiv.de/wr/wrv.html

[18] Verordnung des Reichspräsidenten zum Schutz von Volk und Staat vom 28.02.1933, zu finden in www.documentarchiv.de/ns//rtbrand.html

[19] Gesetz zur Behebung der Not von Volk und Reich vom 24.03.1933, zu finden in www.documentarchiv.de/ns/ermaecht.html

[20] vom 31.03.1933, zu finden in www.documentarchiv.de/ns/lndrgleich01.html

[21] Zweites Gesetz zur Gleichschaltung der Länder mit dem Reich vom 07.04.1933, zu finden in www.verfassungen.de/de/de33-45/gleichschaltung33-2.html

[22] vom 30.01.1934, zu finden in www.documentarchiv.de/ns/neu-reich.html

[23] Vertrag vom 31. August 1990 zwischen der Bundesrepublik Deutschland und der Deutschen Demokratischen Republik über die Herstellung der Einheit Deutschlands

- Einigungsvertragsgesetz -, umgesetzt durch das Gesetz zu dem Vertrag vom 31. August 1990 zwischen der Bundesrepublik und der Deutschen Demokratischen Republik über die Herstellung der Einheit Deutschlands

- Einigungsvertragsgesetz

- und der Vereinbarung vom 18. September 1990 vom 23.09.1990, verkündet am 28.09.1990 im BGBl. 1990 Teil II, Seiten 885 ff., 889 bis 1245

[24] Maunz/Dürig, GG, Loseblattsammlung, Art. 144 Rdnr. 22, eingesehen im Oktober 2016

[25] Maunz/Dürig aaO, Art. 144 Rdnr. 12 ff.

[26] vom 05.06.1945, zu finden in www.documentarchiv.de/in/1945/niederlage-deutschlands_erklaerung.html

[27] Maunz/Dürig aaO, Art. 144 Rdnr. 6 und 19

[28] Maunz/Dürig aaO, Art. 144 Rdnr. 10

[29] Maunz/Dürig aaO, Art. 144 Rdnr. 22 und Art. 146 Rdnr. 32

[30] Vertrag vom 12. September 1990 über die abschließende Regelung in bezug auf Deutschland, umgesetzt durch das Gesetz zu dem Vertrag vom 12. September 1990 über die abschließende Regelung in bezug auf Deutschland vom 11.10.1990, verkündet am 13.10.1990 im BGBl. 1990 Teil II, Seiten 1317 ff.

[31] Vertrag vom 31. August 1990 zwischen der Bundesrepublik Deutschland und der Deutschen Demokratischen Republik über die Herstellung der Einheit Deutschlands - Einigungsvertragsgesetz -, umgesetzt durch das Gesetz zu dem Vertrag vom 31. August 1990 zwischen der Bundesrepublik Deutschland und der Deutschen Demokratischen Republik über die Herstellung der Einheit Deutschlands

- Einigungsvertragsgesetz

- und der Vereinbarung vom 18. September 1990 vom 23.09.1990, verkündet am 28.09.1990 im BGBl. 1990 Teil II, Seiten 885 ff., 889 bis 1245

[32] Vertrag über die Beziehungen zwischen der Bundesrepublik Deutschland und den Drei Mächten vom 23.10.1954, umgesetzt durch das Gesetz betreffend das Protokoll vom 23.Oktober 1954 über die Beendigung des Besatzungsregimes in der Bundesrepublik Deutschland vom 24.03.1955, verkündet am 25.03.1955 im BGBl. 1955 Teil II, Seite 213 ff., 305 ff.

[33] Vertrag zur Regelung aus Krieg und Besatzung entstandener Fragen vom 23. Oktober 1954, umgesetzt durch das Gesetz betreffend das Protokoll vom 23. Oktober 1954 über die Beendigung des Besatzungsregimes in der Bundesrepublik Deutschland vom 24.03.1955, verkündet am 25.03.1955 im BGBl. 1955 Teil II, Seiten 213 ff, 405 ff.

[34] vom 30.05.1956, verkündet am 31.05.1956 im BGBl. 1956 Teil I, Seite 437 ff.

[35] vom 30.05.1956, verkündet am 30.05.1956 im BGBl. 1956 Teil I, Seite 446

[36] vom 23.07.1958, verkündet am 23.07.1958 im BGBl 1958 Teil I, Seite 540 ff.

[37] vom 19.12.1960, verkündet am 19.12.1960 im BGBl. 1960 Teil I, Seite 1015 ff.

[38] Vertrag vom 12. September 1990 über die abschließende Regelung in bezug auf Deutschland, umgesetzt durch das Gesetz zu dem Vertrag vom 12. September 1990 über die abschließende Regelung in bezug auf Deutschland vom 11.10.1990, verkündet am 13.10.1990 im BGBl. 1990 Teil II, Seiten 1317 ff.

[39] Vereinbarung vom 27./28. September 1990 zu dem Vertrag über die Beziehungen zwischen der Bundesrepublik Deutschland und den Drei Mächten (in der geänderten Fassung) sowie zu dem Vertrag zur Regelung aus Krieg und Besatzung entstandener Fragen (in der geänderten Fassung) vom 08.10.1990, verkündet am 08.10.1990 im BGBl. 1990, Teil II, Seite 1386 ff.

[40] Vertrag zur Regelung aus Krieg und Besatzung entstandener Fragen vom 23.Oktober 1954, umgesetzt durch das Gesetz betreffend das Protokoll vom 23. Oktober 1954 über die Beendigung des Besatzungsregimes in der Bundesrepublik Deutschland vom 24.03.1955, verkündet am 25.03.1955 im BGBl. 1955 Teil II, Seiten 213 ff, 405 ff.

[41] vom 23.11.2007, verkündet am 29.11.2007 im BGBl. 2007 Teil I, Seite 2614 ff.

[42 A] Art. 73 und 74 GG behandeln die Gesetzgebungskompetenz des Bundes, Art. 75 GG ist mittlerweile aufgehoben.

[42 B] Vertrag zur Regelung aus Krieg und Besatzung entstandener Fragen vom 23. Oktober 1954, umgesetzt durch das Gesetz betreffend das Protokoll vom 23. Oktober 1954 über die Beendigung des Besatzungsregimes in der Bundesrepublik Deutschland vom 24.03.1955, verkündet am 25.03.1955 im BGBl. 1955 Teil II, Seiten 213 ff, 405 ff.

[43] BVerwG, Beschluss vom 21.07.1989, Az. 7 B 184/88, zu finden in NJW 1990, 134 ff. und VGH Kassel, Beschluss vom 12.12.1985, Az. TG 2397/85, zu finden in NJW 1986, 2660 f. und VGH Kassel, Beschluss vom 22.01.1986, Az. 2 TG 169/86, zu finden im Internet unter ww.openjur.de und Maunz/Dürig, aaO, Art. 139 Rdnr. 8 und 9

[44] vom 23.07.1958, verkündet am 23.07.1958 im BGBl 1958 Teil I, Seite 540 ff.

[45] vom 23.11.2007, verkündet am 29.11.2007 im BGBl 2007 Teil I, Seite 2614 ff.

[46] Maunz/Dürig, GG, Loseblattsammlung, Art. 139 Rdnr. 14, eingesehen im Oktober 2016

[47] Vertrag über den Aufenthalt ausländischer Streitkräfte in der Bundesrepublik Deutschland vom 23.Oktober 1954, umgesetzt durch das Gesetz betreffend den Vertrag vom 23. Oktober 1954 über den Aufenthalt ausländischer Streitkräfte in der Bundesrepublik Deutschland vom 24.03.1955, verkündet am 25.03.1955 im BGBl. 1955 Teil II, Seiten 253 ff.,

[48] Abkommen zwischen den Parteien des Nordatlantikvertrages über die Rechtsstellung ihrer Truppen (NATO-Truppenstatut) und zu den Zusatzvereinbarungen vom 3. August 1959 zu diesen Abkommen, umgesetzt durch das Gesetz zu dem Abkommen zwischen den Parteien des Nordatlantikvertrages vom 19. Juni 1951 über die Rechtsstellung ihrer Truppen und zu den Zusatzvereinbarungen vom 3. August 1959 zu diesem Abkommen (Gesetz zum NATO-Truppenstatut und zu den Zusatzvereinbarungen) vom 18.08.1961, verkündet am 05.09.1961 im BGBl. 1961 Teil II, Seiten 1183 ff.,

[49] Abkommen zwischen den Parteien des Nordatlantikvertrages vom 19. Juni 1951 über die Rechtsstellung ihrer Truppen und zu den Zusatzvereinbarungen vom 3. August 1959 zu diesen Abkommen, umgesetzt durch das Gesetz zu dem Abkommen zwischen den Parteien des Nordatlantikvertrages vom 19.Juni 1951 über die Rechtsstellung ihrer

Truppen und zu den Zusatzvereinbarungen vom 3. August 1959 zu diesem Abkommen(Gesetz zum NATO-Truppenstatut und zu den Zusatz-vereinbarungen) vom 18.08.1961, verkündet am 05.09.1961 im BGBl. 1961 Teil II, Seiten 1183 ff., 1218 ff.

50 Vertrag vom 12. September 1990 über die abschließende Regelung in bezug auf Deutschland, umgesetzt durch das Gesetz zu dem Vertrag vom 12. September 1990 über die abschließende Regelung in bezug auf Deutschland vom 11.10.1990, verkündet am 13.10.1990 im BGBl. 1990 Teil II, Seiten 1317 ff.

51 www.europarl.europa.eu/brussels/website/mdeia/Definitionen/Pdf/Souveraenitaet.pdf

52 Vertrag vom 31. August 1990 zwischen der Bundesrepublik Deutschland und der Deutschen Demokratischen Republik über die Herstellung der Einheit Deutschlands - Einigungsvertragsgesetz -, umgesetzt durch das Gesetz zu dem Vertrag vom 31. August 1990 zwischen der Bundesrepublik Deutschland und der Deutschen Demokratischen Republik über die Herstellung der Einheit Deutschlands

-Einigungsvertragsgesetz

- und der Vereinbarung vom 18. September 1990 vom 23.09.1990, verkündet am 28.09.1990 im BGBl. 1990 Teil II, Seiten 885 ff., 889 bis 1245

53 Vertrag vom 31. August 1990 zwischen der Bundesrepublik Deutschland und der Deutschen Demokratischen Republik über die Herstellung der Einheit Deutschlands - Einigungsvertragsgesetz -, umgesetzt durch das Gesetz zu dem Vertrag vom 31. August 1990 zwischen der Bundesrepublik Deutschland und der Deutschen Demokratischen Republik über die Herstellung der Einheit Deutschlands

- Einigungsvertragsgesetz

- und der Vereinbarung vom 18. September 1990 vom 23.09.1990, verkündet am 28.09.1990 im BGBl. 1990 Teil II, Seiten 885 ff., Seite 908,

54 Vertrag über den Aufenthalt ausländischer Streitkräfte in der Bundesrepublik Deutschland vom 23. Oktober 1954, umgesetzt durch das Gesetz betreffend den Vertrag vom 23. Oktober 1954 über den Aufenthalt ausländischer Streitkräfte in der Bundesrepublik Deutschland vom 24.03.1955, verkündet am 25.03.1955 im BGBl. 1955 Teil II, Seiten 253 ff.

55 Abkommen zwischen den Parteien des Nordatlantikvertrages vom 19. Juni 1951 über die Rechtsstellung ihrer Truppen, umgesetzt durch das Gesetz zu dem Abkommen zwischen den Parteien des Nordatlantikvertrages vom 19.06.1951 über die Rechtsstellung ihrer Truppen und zu den Zusatz-vereinbarungen vom 3. August 1959 zu diesem Abkommen (Gesetz zum NATO-Truppenstatut und zu den Zusatzvereinbarungen) vom 18.08.1961, verkündet am 05.09.1961 im BGBl. 1961 Teil II, Seiten 1183 ff.

56 Abkommen zwischen den Parteien des Nordatlantikvertrages vom 19. Juni 1951 über die Rechtsstellung ihrer Truppen und zu den Zusatz-

vereinbarungen vom 3. August 1959, umgesetzt durch das Gesetz zu dem Abkommen zwischen den Parteien des Nordatlantikvertrages vom 19.Juni 1951 über die Rechtsstellung ihrer Truppen und zu den Zusatzvereinbarungen vom 3. August 1959 zu diesem Abkommen (Gesetz zum NATO-Truppenstatut und zu den Zusatzvereinbarungen) vom 18.08.1961, verkündet am 05.09.1961 im BGBl. 1961 Teil II, Seiten 1183 ff., 1218 ff.

[57] Vertrag vom 12. September 1990 über die abschließende Regelung in bezug auf Deutschland, umgesetzt durch das Gesetz zu dem Vertrag vom 12. September 1990 über die abschließende Regelung in bezug auf Deutschland vom 11.10.1990, verkündet am 13.10.1990 im BGBl. 1990 Teil II, Seiten 1317 ff

[58] Vertrag über den Aufenthalt ausländischer Streitkräfte in der Bundesrepublik Deutschland vom 23.10.1954, umgesetzt durch das Gesetz betreffend den Vertrag vom 23. Oktober 1954 über den Aufenthalt ausländischer Streitkräfte in der Bundesrepublik Deutschland vom 24.03.1955, verkündet am 25.03.1955 im BGBl. 1955 Teil II, Seiten 253 ff.

[59] Ipsen, Völkerrecht, 4. Auflage 1999, Seiten 1047, 1049

[60] Zu finden in www.admin.ch, Ziffer 0.515.112

[61] Ipsen aaO, Seiten 1046 ff.

[62] Ipsen aaO, Seite 1048

[63] Zu finden in www.unric.org/html/german/pdf/charta.pdf

[64] Ipsen aaO, Seiten 1078 f.

[65] Zu finden in www.documentarchiv.de/ns/1945/kapitulation.html

[66] Vertrag vom 12. September 1990 über die abschließende Regelung in bezug auf Deutschland, umgesetzt durch das Gesetz zu dem Vertrag vom 12. September 1990 über die abschließende Regelung in bezug auf Deutschland vom 11.10.1990, verkündet am 13.10.1990 im BGBl. 1990 Teil II, Seiten 1317 ff

[67] Zweites Gesetz zur Bereinigung von Bundesrecht im Zuständigkeitsbereich des Bundesministeriums der Justiz vom 23.11.2007, verkündet am 29.11.2007, zu finden im BGBl. 2007 Teil 1, Seite 2614 ff.

[68] Ipsen aaO, Seiten 416 f.

[69] zu finden in www.unric.org/html/german/pdf/charta.pdf

[70] Ipsen aaO, Seite 417

[71] zu finden in www.dgvn.de/fileadmin/user_upload/DOKUMENTE/UN_Diverse/A-RES-50-52.pdf

Freunde oder Besatzer?

US-Truppen üben mit Uran-Geschossen

Die Skandalliste der alliierten US-Armee in Deutschland in den vergangenen Jahrzehnten ist lang und bestätigt, wie ohnmächtig die deutsche Regierung dem Treiben der ehemaligen Siegermächte noch heute ausgesetzt ist. Beginnen wir in den 1980er Jahren, als auf deutschem Boden nicht nur hunderte von Atomwaffen gelagert wurden, sondern deutsches Territorium als Übungsplatz für radioaktive Granaten herhalten musste. Offiziell wurden die Vorgänge nach Bekanntwerden als Unfälle bezeichnet, allerdings lässt die Anzahl der Ereignisse darauf schließen, dass Deutschland für die späteren Kriege, z.B. im Irak als Testgelände herhalten mußte. Bekannte Orte, an denen es zu Unfällen bzw. Einsätzen der radioaktiven Munition kam, waren: Fulda (1981), Lampertheim (1982), Schweinfurt (1985), Grafenwöhr (1986, 1987, 1988), Garlstedt (1985), Altenwalde (1985), Gollhofen (1988), Oberaltertheim (1988), Wildflecken (1990) und weiteren Orte.

Auf die Kleine Anfrage im Deutschen Bundestag 16/8992 vom 25.04.2008, welche Staaten derzeit Uranmunition in Deutschland lagern, antwortete die Bundesregierung wie folgt:

> *»Es besteht keine Pflicht der mit Einverständnis der Bundesrepublik Deutschland im Bundesgebiet stationierten ausländischen Streitkräfte, die Bundesregierung nach dem Vertrag über den Aufenthalt ausländischer Streitkräfte in der Bundesrepublik Deutschland vom 23. Oktober 1954 (BGBl. 1955 II S. 253) über Waffen und Munition zu informieren.«*

Ist das Souveränität, wenn wir heute von den alliierten Siegermächten/Bündnispartnern in Deutschland nicht einmal erfahren, wenn sie bei uns radioaktive Munition lagern?

Am 9. Januar 2001 bestätigten die US-Streitkräfte, Uran-Munition zwar in Deutschland zu lagern, diese aber hier nicht zu verwenden. Der Vorsitzende des Bundeswehrverbandes, Bernhard Gertz, fand das jedoch wenig überzeugend:

> »Wer über diese Munition verfügt, der wird sie natürlich auch zu Übungszwecken heranziehen.«

Deutschland zahlt Milliarden für US-Armee

Wenn die USA in Deutschland neue Stützpunkte bauen, zahlt die Bundesrepublik drauf. Das kostet den deutschen Steuerzahler hunderte Millionen Euro. Grund dafür ist ein jahrzehntealtes Abkommen. Die Bundesregierung sieht keinen Änderungsbedarf.

Glaubt man den gebetsmühlenartig wiederholten Behauptungen der Befürworter von US-Armeen in Deutschland, dann sind die US-Stützpunkte wahre Jobmaschinen und Wirtschaftsfaktoren mit einer riesigen Kaufkraft. Kaum jemand weiß, dass die Familien der US-Soldaten in Deutschland weder Mehrwertsteuer noch KFZ-Steuer bezahlen, dass sie ihren Bedarf in eigenen Läden und an eigenen Tankstellen decken. Weniger bekannt - so auch den meisten Politikern nicht - ist die Höhe der Unterstützungsleistungen an die US-Truppen.

Die Ausgaben für das US-Militär sind gut versteckt in den fast 3.000 Seiten Bundeshaushalt. So finden sich im Einzelplan 12, dem Budget des Verkehrsministeriums, im Kapitel 12.15, Titel 632.03, unter der Überschrift »Erstattung der den Ländern bei der Erledigung von Bauaufgaben des Bundes entstehenden Kosten« nähere Informationen.

Denn unter diesem Etat hat die Bundesregierung in den Jahren 2003 bis 2012 598 Millionen Euro Subventionen an die US-Amerikaner abgerechnet.

Aber damit nicht genug, denn zu den 598 Millionen Euro für Bauten kommen 327 Millionen Euro, mit denen Schäden ausgeglichen wurden, die US-Soldaten in Deutschland angerichtet haben und Sozialleistungen bezahlt wurden, die von den US-Amerikanern entlassene Zivilangestellte bekommen. Dazu kommen außerdem Subventionen für den Umzug der US-amerikanischen Luftwaffe von Frankfurt nach Ramstein und Spangdahlem in Höhe von weiteren 70 Millionen Euro sowie Steuer- und Zollvergünstigungen in unbekannter Höhe. Allerdings sind das nicht die einzigen Kosten: Addiert man die Summe der Ausgaben für die US-Streitkräfte im Bundeshaushalt zwischen 2003 und 2012 zusammen, erhält man etwa eine Milliarde Euro.

Weitere 127 Millionen Steuergelder für US-Armee in Deutschland

127 Millionen Euro soll der deutsche Steuerzahler für ein neues Krankenhaus der US-Streitkräfte in Deutschland bezahlen.

Bis 2021 baut Deutschland im Auftrag der US-Armee ein neues Militärkrankenhaus für die US-Armee bei Weilerbach in der Pfalz. Zwar hatte die USA angekündigt, die in Deutschland stationierten US-Truppen zu reduzieren, doch ein neueres, noch größeres Militärkrankenhaus mit einer Planungszeit bis 2021 lässt Schlimmeres befürchten.

Diese Nachricht verärgert gleich mehrfach. Zum einen werden auch hier wieder Gelder für fremde Interessen verschenkt, obwohl diese für die Bekämpfung der Armut in Deutschland dringend erforderlich wären. Als nächstes wird hier deutlich, wie souverän Deutschland ist, denn diese Zahlungen müssen aufgrund eines Abkommens mit den Alliierten gezahlt werden.

Des weiteren ist es ärgerlich, weil der deutsche Steuerzahler damit indirekt die USA in ihrem Kriegstreiben unterstützt, denn weiterhin wollen die USA größere Kapazitäten für die verwundeten Soldaten aus den Kriegseinsätzen in Deutschland aufrechterhalten. Außerdem sei noch erwähnt, dass bereits zu diesem Zweck tausende Bäume gerodet wurden.

Krieg auf Deutschlands Straßen

Wenn in Grafenwöhr morgens um sechs Uhr US-Granaten explodieren, endet damit die Nachtruhe der Anwohner. *»Da glaubt man, die Soldaten liegen direkt im eigenen Garten und schießen«*. Eine Bilanz der vergangenen Jahre von US-Truppen in Grafenwöhr: Eine Rakete verfehlte das Krankenhaus im angrenzenden Eschenbach nur knapp, eine Lenkrakete schlug in ein Waldstück bei Haselmühle ein, ein Panzer feuerte eine Salve MG-Kugeln auf eine Scheune in Treinreuth. Im Juli 2011 kam es zu einem weiteren Zwischenfall auf dem US-Truppenübungsplatz Grafenwöhr: Die US-Armee hat auf eine Berufsschule und ein Wohnhaus in der Nachbarschaft des Oberpfälzer Militärareals geschossen. Sie schossen die Munition vom Kaliber 12,7 Millimeter von einem Geländefahrzeug ab. Das Schulgebäude befindet sich wie auch das Wohnhaus fast fünf Kilometer entfernt vom Ort der Übung. Bereits zehn Jahre zuvor hatten zwei fehlgeleitete US-Panzergranaten aus Grafenwöhr eine Grundschule im benachbarten Kirchenthumbach getroffen. Zum Zeitpunkt des Unglücks spielten Kinder auf dem Pausenhof, im Gebäude hielten sich zwei Erwachsene auf.

US-Soldaten verseuchen Grundwasser mit krebserregenden Stoffen

In Auerbach, am Westende des Truppenübungsplatzes, waren die Trinkwasserquellen mit dem mehr als 70fachen Grenzwert an Hexogen verseucht, einem Bestandteil von Sprengstoff, der als krebserregend gilt. Als der Skandal aufflog, wurden neue Quellen geschaffen. Aber davor wurde die halbe Stadt jahrelang mit verseuchtem Wasser versorgt.

Armin Griesbeck aus Nitzlbuch, Vorsitzender der örtlichen Initiative gegen Schießlärm:

»Sie glauben gar nicht, was der Amerikaner hier für eine Macht hat.«

Flüsse und Grundwasser in der Eifel mit krebserregendem Stoff durch US-Armee belastet

2014 wurde bekannt, dass die Oberflächen- und Grundwasser rings um die US-Luftwaffenstützpunkte Spangdahlem, Bitburg und Ramstein mit krebserregenden perfluorierte Tensiden (PFT) belastet sind. Die Sanierung könnte nicht nur Jahre dauern, sondern auch Millionen Euro kosten. Ebenso war im Trinkwasser aus dem Kylltal der Stoff nachzuweisen.

Dort wurden über Jahre hinweg PFT-haltige Löschschäume eingesetzt, die als Ursache der Verunreinigungen gelten. Untersuchungen zeigen, das der in Seen und Bächen bei Binsfeld gemessene Wert bis zu 3.000-mal höher war, als die EU empfiehlt.

Vom Verzehr dort geangelter Fische wird dringend abgeraten. Grundwasserproben, die im Auftrag der US-Air-Force bei Spangdahlem genommen wurden zeigen: Selbst zig Meter unter der Erde werden PFT-Werte gemessen, die ähnlich hoch oder sogar höher sind als jene der belasteten Seen und Bäche.

»Diese Hinterlassenschaften des US-Militärs sind ein massives Umweltproblem, das nicht schnell zu lösen ist. Wir arbeiten mit Hochdruck daran, den Ursachen der Verunreinigungen auf den Grund zu gehen, die Verschmutzung abzustellen und die Gewässer zu sanieren«, sagt Umweltministerin Ulrike Höfken.

Giftiger Cadmium-Staub in US-Depot in Dülmen

US-Armee-Colonel Sean Hunt Kuester räumte Mitte 2018 ein, dass es in der Kaserne »Tower Barracks« in Dülmen, die von der US-Armee genutzt wird, im Juni vergangenen Jahres einen Zwischenfall mit cadmiumbelastetem Material gegeben hat. Der Informationsfluss ist spärlich. An seinem Arbeitsplatz hatte ein inzwischen gekündigter Mitarbeiter heimlich Staubproben genommen und untersuchen lassen. Bis zu 30 Prozent krebserregendes Cadmium, auch Schwermetalle wie Nickel, Zink und Chrom hatte das Gelsenkirchener Hygiene-Institut in dem Staub gefunden. Der Staub lag auf den Maschinen, die Zivilangestellte des US-Depots reinigen mussten. Dabei habe es keinerlei Schutzeinrichtungen für die Arbeiter gegeben. Der giftige Stoff ist offenbar nicht ins Abwasser gelangt, da sich der Zwischenfall in einem abgeschlossenen Warenlager ereignet habe.

Mehr Gifte im US-Depot Lingenfeld

Anfang 2019 hat die Gemeinde Lingenfeld gegen die geplante und genehmigte Erweiterung eines US-Depots geklagt. Geklagt wird gegen die Bundesregierung die diese Erweiterung genehmigte. Im Januar 2019 hat das Bundesverteidigungsministerium einer Erweiterung als Baurechtlich zulässig entschieden. In Zukunft sollen dort, statt wie bisher 70 Tonnen, 1.900 Tonnen an gefährlichen giftigen, brennbaren oder ätzenden Stoffen gelagert werden davon max. 50 Tonnen an sehr giftigen Stoffen. In einem Schreiben der Behörden heißt es unter anderem: Das Logistikzentrum beliefere US-Streitkräfte in ganz Europa und wäre deshalb von besonderer Bedeutung.

Die Air Base Ramstein ist der größte US-Militärflugplatz außerhalb der Vereinigten Staaten

In »Die Rheinpfalz« vom 03.05.2016 liest der erstaunte Bürger, dass Ralf Hechler, Bürgermeister der Stadt und Verbandsgemeinde Ramstein-Miesenbach, vor Gericht gezogen ist, um mehr Steuergelder in seine Stadt zu bekommen. Denn offensichtlich sind die US-Soldaten gar kein Wirtschaftsfaktor, der Ramstein reich macht, sondern ein Kostenfaktor, der die Infrastruktur in erheblichem Maße (ab)nutzt.

> *»Die Air Base Ramstein ist der größte US-Militärflugplatz außerhalb der Vereinigten Staaten. Außerdem befindet sich auf dem Areal ein Nato-Hauptquartier. Allerdings scheint niemand so ganz genau zu wissen, wie viele Soldaten aus wie vielen Nationen und wie viele dazugehörige Zivilangehörige dort beschäftigt sind und im Umland leben.«*, so »Die Rheinpfalz«

Bürgermeister Hechler ist überzeugt: *»Bei uns in der Kommune leben mehr Soldaten, als das Land sagt.«* Die Verbandsgemeinde habe das mit Stichproben überprüft. Herausgekommen sei, dass allein in drei Straßenzügen 25 Prozent mehr US-Amerikaner leben, als vom Land angerechnet. Hechler geht davon aus, dass in der Verbandsgemeinde rund 9500 Amerikaner leben. Alleine für die Stadt Ramstein schätzt der CDU-Mann, dass dort 1.000 US-Amerikaner mehr wohnen, als gemeldet sind.

Die US-Armee hat es offensichtlich nicht nötig, die Ämter in Deutschland richtig darüber zu informieren, wie viele US-Soldaten und Angehörigen tatsächlich in Deutschland sind.

Noch vor Wochen gab es Berichte, die USA erwäge, Soldaten aus Deutschland abzuziehen. Nun gaben sie bekannt, die Truppen in Deutschland um rund 1500 Soldaten aufzustocken.

Dokumentenanhang

Charta der Vereinten Nationen

vom 26. Juni 1945 (Auszug)

Artikel 53

(1) Der Sicherheitsrat nimmt gegebenenfalls diese regionalen Abmachungen oder Einrichtungen zur Durchführung von Zwangsmaßnahmen unter seiner Autorität in Anspruch. Ohne Ermächtigung des Sicherheitsrats dürfen Zwangsmaßnahmen auf Grund regionaler Abmachungen oder seitens regionaler Einrichtungen nicht ergriffen werden; ausgenommen sind Maßnahmen gegen einen Feindstaat im Sinne des Absatzes 2, soweit sie in Artikel 107 oder in regionalen, gegen die Wiederaufnahme der Angriffspolitik eines solchen Staates gerichteten Abmachungen vorgesehen sind; die Ausnahme gilt, bis der Organisation auf Ersuchen der beteiligten Regierungen die Aufgabe zugewiesen wird, neue Angriffe eines solchen Staates zu verhüten.

(2) Der Ausdruck "Feindstaat" in Absatz 1 bezeichnet jeden Staat, der während des Zweiten Weltkriegs Feind eines Unterzeichners dieser Charta war.

Artikel 107

Maßnahmen, welche die hierfür verantwortlichen Regierungen als Folge des Zweiten Weltkriegs in bezug auf einen Staat ergreifen oder genehmigen, der während dieses Krieges Feind eines Unterzeichnerstaats dieser Charta war, werden durch diese Charta weder außer Kraft gesetzt noch untersagt.

Quelle: Internetseite »Regionales Informationszentrum der Vereinten Nationen in Westeuropa«, https://www.unric.org/de/charta, abgerufen 04.03.2019.

Grundgesetz für die Bundesrepublik Deutschland

vom 23. Mai 1949 (Auszug),
zuletzt geändert durch Artikel 1 des Gesetzes vom 13. Juli 2017
(BGBl. I S. 2347)

Artikel 120

(1) Der Bund trägt die Aufwendungen für Besatzungskosten und die sonstigen inneren und äußeren Kriegsfolgelasten nach näherer Bestimmung von Bundesgesetzen. Soweit diese Kriegsfolgelasten bis zum 1. Oktober 1969 durch Bundesgesetze geregelt worden sind, tragen Bund und Länder im Verhältnis zueinander die Aufwendungen nach Maßgabe dieser Bundesgesetze. Soweit Aufwendungen für Kriegsfolgelasten, die in Bundesgesetzen weder geregelt worden sind noch geregelt werden, bis zum 1. Oktober 1965 von den Ländern, Gemeinden (Gemeindeverbänden) oder sonstigen Aufgabenträgern, die Aufgaben von Ländern oder Gemeinden erfüllen, erbracht worden sind, ist der Bund zur Übernahme von Aufwendungen dieser Art auch nach diesem Zeitpunkt nicht verpflichtet. Der Bund trägt die Zuschüsse zu den Lasten der Sozialversicherung mit Einschluß der Arbeitslosenversicherung und der Arbeitslosenhilfe. Die durch diesen Absatz geregelte Verteilung der Kriegsfolgelasten auf Bund und Länder läßt die gesetzliche Regelung von Entschädigungsansprüchen für Kriegsfolgen unberührt.

(2) Die Einnahmen gehen auf den Bund zu demselben Zeitpunkte über, an dem der Bund die Ausgaben übernimmt.

Artikel 139

Die zur "Befreiung des deutschen Volkes vom Nationalsozialismus und Militarismus" erlassenen Rechtsvorschriften werden von den Bestimmungen dieses Grundgesetzes nicht berührt.

Quelle: Internetseite »Deutscher Bundestag«, https://www.bundestag.de/grundgesetz, Abgerufen 04.03.2019.

Gesetz Nr. 104 zur Befreiung von Nationalsozialismus und Militarismus

vom 5. März 1946, geändert durch
Gesetz Nr. 902 vom 23. Oktober 1947 (RegBl. S. 119)
Gesetz Nr. 922 vom 29. März 1948 (RegBl. S. 58)
Gesetz Nr. 923 vom 31. März 1948 (RegBl. S. 58)

1. Nationalsozialismus und Militarismus haben in Deutschland zwölf Jahre die Gewaltherrschaft ausgeübt, schwerste Verbrechen gegen das deutsche Volk und die Welt begangen, Deutschland in Not und Elend gestürzt und das Deutsche Reich zerstört. Die Befreiung von Nationalsozialismus und Militarismus ist eine unerläßliche Vorbedingung für den politischen, wirtschaftlichen und kulturellen Wiederaufbau.

2. Während der vergangenen Monate, die der Kapitulation folgten, hat die Amerikanische Militärregierung die Entfernung und den Ausschluß von Nationalsozialisten und Militaristen aus der Verwaltung und anderen Stellen durchgeführt.

3. Der Kontrollrat hat am 12. Januar 1946 für ganz Deutschland Richtlinien für diese Entfernung und den Ausschluß in der Anweisung Nr. 24 aufgestellt, die für die deutschen Regierungen und für das deutsche Volk verbindlich sind.

4. Das Gesetz Nr. 8 der Militärregierung einschließlich seiner ersten Ausführungs-Verordnung hat die Befreiung auf das Gebiet der gewerblichen Wirtschaft ausgedehnt und das Vorstellungsverfahren durch deutsche Prüfungsausschüsse eingeführt.

5. Die Amerikanische Militärregierung hat nunmehr entschieden, daß das deutsche Volk die Verantwortung für die Befreiung von Nationalsozialismus und Militarismus auf allen Gebieten mitübernehmen kann. Der Erfüllung der damit dem deutschen Volk übertragenen Aufgabe dient dieses Gesetz, das sich im Rahmen der Anweisung Nr. 24 des Kontrollrates hält.

6. Zur einheitlichen und gerechten Durchführung dieser Aufgabe wird gleichzeitig für Bayern, Groß-Hessen und Württemberg-Baden das folgende Gesetz beschlossen und verkündet:

I. Abschnitt

Grundsätze

Artikel 1. (1) Zur Befreiung unseres Volkes von Nationalsozialismus und Militarismus und zur Sicherung dauernder Grundlagen eines deutschen demokratischen Staatslebens im Frieden mit der Welt werden alle, die die nationalsozialistische Gewaltherrschaft aktiv unterstützt oder sich durch Verstöße gegen die Grundsätze der Gerechtigkeit und Menschlichkeit oder durch eigensüchtige Ausnutzung der dadurch geschaffenen Zustände verantwortlich gemacht haben, von der Einflußnahme auf das öffentliche, wirtschaftliche und kulturelle Leben ausgeschlossen und zur Wiedergutmachung verpflichtet.

(2) Wer verantwortlich ist, wird zur Rechenschaft gezogen. Zugleich wird jedem Gelegenheit zur Rechtfertigung gegeben.

Artikel 2. (1) Die Beurteilung des Einzelnen erfolgt in gerechter Abwägung der individuellen Verantwortlichkeit und der tatsächlichen Gesamthaltung; darnach wird in wohlerwogener Abstufung das Maß der Sühneleistung und der Ausschaltung aus der Teilnahme am öffentlichen, wirtschaftlichen und kulturellen Leben des Volkes bestimmt mit dem Ziel, den Einfluß nationalsozialistischer und militaristischer Haltung und Ideen auf die Dauer zu beseitigen.

(2) Äußere Merkmale wie die Zugehörigkeit zur NSDAP, einer ihrer Gliederungen oder einer sonstigen Organisation sind nach diesem Gesetz für sich allein nicht entscheidend für den Grad der Verantwortlichkeit. Sie können zwar wichtige Beweise für die Gesamthaltung sein, können aber durch Gegenbeweise ganz oder teilweise entkräftet werden. Umgekehrt ist die Nichtzugehörigkeit für sich allein nicht entscheidend für den Ausschluß der Verantwortlichkeit.

Meldeverfahren

Artikel 3. (1) Zur Aussonderung aller Verantwortlichen und zur Durchführung des Gesetzes wird ein Meldeverfahren eingerichtet.

(2) jeder Deutsche über 18 Jahren hat einen Meldebogen auszufüllen und einzureichen.

(3) Die näheren Bestimmungen trifft der Minister für politische Befreiung.

Gruppen der Verantwortlichen

Artikel 4. Zur gerechten Beurteilung der Verantwortlichkeit und zur Heranziehung zu Sühnemaßnahmen werden folgende Gruppen gebildet:

1. Hauptschuldige
2. Belastete (Aktivisten, Militaristen, Nutznießer)
3. Minderbelastete (Bewährungsgruppe)
4. Mitläufer
5. Entlastete.

Hauptschuldige

Artikel 5. Hauptschuldiger ist:

1. Wer aus politischen Beweggründen Verbrechen gegen Opfer oder Gegner des Nationalsozialismus begangen hat;

2. wer im Inlande oder in den besetzten Gebieten ausländische Zivilisten oder Kriegsgefangene völkerrechtswidrig behandelt hat;

3. wer verantwortlich ist für Ausschreitungen, Plünderungen, Verschleppungen oder sonstige Gewalttaten, auch wenn sie bei der Bekämpfung von Widerstandsbewegungen begangen worden sind;

4. wer sich in einer führenden Stellung der NSDAP, einer ihrer Gliederungen oder eines angeschlossenen Verbandes oder einer anderen nationalsozialistischen oder militaristischen Organisation betätigt hat;

5. wer sich in der Regierung des Reiches, eines Landes oder in der Verwaltung der früher besetzten Gebiete in einer führenden Stellung betätigt hat, wie sie nur von führenden Nationalsozialisten oder Förderern der nationalsozialistischen Gewaltherrschaft bekleidet werden konnte;

6. wer sonst der nationalsozialistischen Gewaltherrschaft außerordentliche politische, wirtschaftliche, propagandistische oder sonstige Unterstützung gewährt hat oder wer aus seiner Verbindung mit der nationalsozialistischen Gewaltherrschaft für sich oder andere sehr erheblichen Nutzen gezogen hat;

7. wer in der Gestapo, dem SD, der SS, Geheimen Feld- oder Grenzpolizei für die nationalsozialistische Gewaltherrschaft aktiv tätig war;

8, wer sich in einem Konzentrationslager oder Arbeitslager oder in einer Haft-, Heil- oder Pflegeanstalt an Tötungen, Folterungen oder sonstigen Grausamkeiten in irgendeiner Form beteiligt hat;

9. wer aus Eigennutz oder Gewinnsucht aktiv mit der Gestapo, SS, SD oder ähnlichen Organisationen zusammengearbeitet hat, indem er Gegner der nationalsozialistischen Gewaltherrschaft denunzierte oder sonst zu ihrer Verfolgungen beitrug.

Artikel 6. Bis zur Widerlegung gilt als Hauptschuldiger, wer in Klasse I der dem Gesetz beigefügten Liste aufgeführt ist.

Aktivisten

Artikel 7. I. Aktivist ist:

1. Wer durch seine Stellung oder Tätigkeit die Gewaltherrschaft der NSDAP wesentlich gefördert hat;

2. wer seine Stellung, seinen Einfluß oder seine Beziehungen zu Zwang und Drohung, zu Gewalttätigkeiten, zu Unterdrückung oder sonst zu ungerechten Maßnahmen ausgenützt hat;

3. wer sich als überzeugter Anhänger der nationalsozialistischen Gewaltherrschaft, insbesondere ihrer Rassenlehre erwiesen hat.

II. Aktivist ist insbesondere, soweit er nicht Hauptschuldiger ist:

1. wer durch Wort oder Tat, insbesondere öffentlich durch Reden oder Schriften oder durch freiwillige Zuwendungen aus eigenem oder fremdem Vermögen oder durch Einsetzen seines persönlichen Ansehens oder seiner Machtstellung im politischen, wirtschaftlichen oder kulturellen Leben wesentlich zur Begründung, Stärkung oder Erhaltung der nationalsozialistischen Gewaltherrschaft beigetragen hat;

2. wer durch nationalsozialistische Lehre oder Erziehung die Jugend an Geist und Seele vergiftet hat;

3. wer zur Stärkung der nationalsozialistischen Gewaltherrschaft unter Mißachtung anerkannter sittlicher Grundsätze das Familien- oder Eheleben untergraben hat;

4. wer im Dienste des Nationalsozialismus in die Rechtspflege eingegriffen oder sein Amt als Richter oder Staatsanwalt politisch mißbraucht hat;

5. wer im Dienst des Nationalsozialismus hetzerisch oder gewalttätig gegen Kirchen, Religionsgemeinschaften oder weltanschauliche Vereinigungen aufgetreten ist;

6. wer im Dienste des Nationalsozialismus Werte der Kunst oder Wissenschaft verhöhnt, beschädigt oder zerstört hat;

7. wer sich führend oder aktiv bei der Zerschlagung der Gewerkschaften, der Unterdrückung der Arbeiterschaft oder der Vergeudung des Gewerkschaftsvermögens beteiligt hat;

8. wer als Provokateur, Spitzel oder Denunziant die Einleitung eines Verfahrens zum Schaden eines anderen wegen seiner Rasse, Religion oder seiner politischen Gegnerschaft gegen den Nationalsozialismus oder wegen Zuwiderhandlungen gegen nationalsozialistische Vorschriften herbeigeführt oder herbeizuführen versucht hat;

9. wer seine Machtstellung unter der nationalsozialistischen Gewaltherrschaft zur Begehung von Straftaten, insbesondere Erpressungen, Unterschlagungen oder Betrügereien ausgenützt hat;

10. wer durch Wort oder Tat eine gehässige Haltung gegenüber Gegnern der NSDAP im In- oder Ausland, gegen Kriegsgefangene, die Bevölkerung der ehemals besetzten Gebiete, gegen ausländische Zivilarbeiter, Häftlinge oder ähnliche Personen eingenommen hat;

11. wer die Freistellung vom Wehrdienst (UK-Stellung) oder vom Frontdienst wegen nationalsozialistischer Haltung begünstigt oder die Ein-

ziehung zum Wehrdienst oder Versetzung zum Frontdienst wegen Gegnerschaft zum Nationalsozialismus herbeigeführt oder dies versucht hat.

III. Aktivist ist auch, wer nach dem 8. Mai 1945 durch Wirken für den Nationalsozialismus oder Militarismus den Frieden des deutschen Volkes oder der Welt gefährdet.

Durch Gesetz vom 23. Oktober 1947 wurde der Artikel 7 Abs. III. mit Wirkung vom 7. Oktober 1947 gestrichen.

Militaristen

Artikel 8. I. Militarist ist:

1. Wer das Leben des deutschen Volkes auf eine Politik der militärischen Gewalt auszurichten suchte;

2. wer für die Beherrschung fremder Völker, ihre Ausnutzung und Verschleppung eingetreten oder verantwortlich ist;

3. wer die Aufrüstung zu diesen Zwecken förderte.

II. Militarist ist insbesondere, soweit er nicht Hauptschuldiger ist:

1. Wer durch Wort oder Schrift militaristische Lehren oder Programme aufstellte oder verbreitete oder außerhalb der Wehrmacht in einer Organisation aktiv tätig war, die der Förderung militaristischer Ideen diente;

2. wer vor 1935 die planmäßige Ausbildung der Jugend für den Krieg organisierte oder an dieser Organisierung teilnahm;

3. wer als Inhaber einer Kommandogewalt verantwortlich dafür ist, daß nach dem Einmarsch in Deutschland Stadt und Land sinnlos verwüstet wurden;

4. wer ohne Rücksicht auf seinen Rang als Angehöriger der Wehrmacht, des Reichsarbeitsdienstes, der Organisation Todt (OT) oder der Transportgruppe Speer seine Dienstgewalt zur Erlangung besonderer persönlicher Vorteile oder zu rohen Quälereien seiner Untergebenen mißbrauchte.

Nutznießer

Artikel 9. I. Nutznießer ist:

Wer aus der Gewaltherrschaft der NSDAP, aus der Aufrüstung oder aus dem Kriege durch seine politische Stellung oder seine politischen Beziehungen für sich oder andere persönliche oder wirtschaftliche Vorteile in eigensüchtiger Weise herausgeschlagen hat.

II. Nutznießer ist insbesondere, soweit er nicht Hauptschuldiger ist:

1. Wer nur auf Grund seiner Zugehörigkeit zur NSDAP in ein Amt oder eine Stellung berufen oder bevorzugt befördert wurde;

2. wer erhebliche Zuwendungen von der NSDAP, ihren Gliederungen oder angeschlossenen Verbänden erhielt;

3. wer auf Kosten der politisch, religiös oder rassisch Verfolgten unmittelbar oder mittelbar, insbesondere im Zusammenhang mit Enteignungen, Zwangsverkäufen und dergleichen übermäßige Vorteile für sich oder andere erlangte oder erstrebte;

4. wer bei der Aufrüstung oder bei Kriegsgeschäften Gewinne erzielte, die in einem auffallenden Mißverhältnis zu seinen Leistungen standen;

5. wer sich im Zusammenhang mit der Verwaltung ehemals besetzter Gebiete unbillig bereicherte;

6. wer als Anhänger des Nationalsozialismus durch Ausnützung persönlicher oder politischer Beziehungen, oder durch Eintritt in die NSDAP es erreichte, sich dem Wehrdienst oder dem Frontdienst zu entziehen.

Artikel 10. Bis zur Widerlegung gilt als Belasteter (Aktivist, Militarist, Nutznießer), wer in Klasse II der dem Gesetz beigefügten Liste aufgeführt ist.

Bewährungsgruppe

Artikel 11. I. Minderbelastet ist:

1. Wer an sich zur Gruppe der Belasteten gehört, jedoch wegen besonderer Umstände (Art. 39) einer milderen Beurteilung würdig erscheint und nach seiner Persönlichkeit erwarten läßt, daß er nach Bewährung in einer Probezeit seine Pflichten als Bürger eines friedlichen demokratischen Staates erfüllen wird;

2. wer an sich zur Gruppe der Mitläufer gehört, jedoch wegen seines Verhaltens und nach seiner Persönlichkeit sich erst bewähren soll.

II. Die Bewährungsfrist soll mindestens 2 und soll in der Regel nicht mehr als 3 Jahre betragen. Von dem Verhalten während der Bewährungsfrist hängt es ab, welcher Gruppe der Betroffene endgültig zugewiesen wird (Art. 42).

III. Minderbelastet ist insbesondere:

1. Wer nach dem 1. Januar 1919 geboren ist, nicht zur Gruppe der Hauptschuldigen zählt, jedoch als Belasteter erscheint, ohne aber ein verwerfliches oder brutales Verhalten an den Tag gelegt zu haben und nach seiner Persönlichkeit eine Bewährung erwarten läßt;

2. wer ohne Hauptschuldiger zu sein, zwar als Belasteter erscheint, aber eindeutig und klar erkennbar frühzeitig vom Nationalsozialismus und seinen Methoden abgerückt ist.

Mit Gesetz vom 23. Oktober 1947 erhielt der Artikel 11 Abs. II mit Wirkung vom 7. Oktober 1947 folgende Fassung:

„II. Die Bewährungsfrist beträgt höchstens drei Jahre:

Von dem Verhalten während der Bewährungsfrist hängt es ab, welcher Gruppe der Betroffene endgültig zugewiesen wird (Art. 42).“

Mitläufer

Artikel 12. I. Mitläufer ist:

wer nicht mehr als nominell am Nationalsozialismus teilgenommen oder ihn nur unwesentlich unterstützt und sich auch nicht als Militarist erwiesen hat.

II. Unter dieser Voraussetzung ist Mitläufer insbesondere:

1. wer als Mitglied der NSDAP oder einer ihrer Gliederungen, ausgenommen HJ und BDM, lediglich Mitgliedsbeiträge bezahlte, an Versammlungen, deren Besuch Zwang war, teilnahm oder unbedeutende oder rein geschäftsmäßige Obliegenheiten wahrnahm, wie sie allen Mitgliedern vorgeschrieben waren;

2. wer Anwärter der NSDAP war und nicht endgültig als Mitglied aufgenommen wurde.

Entlastete.

Artikel 13. Entlastet ist:

wer trotz einer formellen Mitgliedschaft oder Anwartschaft oder eines anderen äußeren Umstandes, sich nicht nur passiv verhalten, sondern nach dem Maß seiner Kräfte aktiv Widerstand gegen die nationalsozialistische Gewaltherrschaft geleistet und dadurch Nachteile erlitten hat.

Mit Gesetz vom 23. Oktober 1947 wurde an dieser Stelle folgender Artikel mit Wirkung vom 7. Oktober 1947 eingefügt:

„Verhalten nach dem 8. Mai 1945

***Artikel 13a.** Politisch verantwortlich im Sinne dieses Gesetzes (Art. 4, Ziff. 1-3) ist auch, wer nach dem 8. Mai 1945 durch Verbreitung nationalsozialistischer, militaristischer oder rassischer Ideen oder durch sonstiges Wirken für den Nationalsozialismus oder den Militarismus, insbesondere durch unruhestiftende falsche Gerüchte, den Aufbau eines friedlichen demokratischen Staates erschwert oder den Frieden der Welt gefährdet.“*

Sühnemaßnahmen

Artikel 14. Nach dem Maß der Verantwortung sind zur Ausschaltung des Nationalsozialismus und des Militarismus aus dem Leben unseres Volkes und zur Wiedergutmachung des angerichteten Schadens folgende Sühnemaßnahmen in gerechter Auswahl und Abstufung zu verhängen.

Artikel 15. Gegen Hauptschuldige sind folgende Sühnemaßnähmen zu verhängen:

I. Sie werden auf die Dauer von mindestens 2 und höchstens 10 Jahren in ein Arbeitslager eingewiesen, um Wiedergutmachungs- und Aufbauarbeiten zu verrichten. Politische Haft nach dem 8. Mai 1945 kann angerechnet werden. Körperlich Behinderte sind entsprechend ihrer Leistungsfähigkeit zu Sonderarbeit heranzuziehen;

2. ihr Vermögen ist als Beitrag zur Wiedergutmachung einzuziehen. Es ist nur der Betrag zu belassen, der unter Berücksichtigung der Familienverhältnisse und der Erwerbsfähigkeit zum notdürftigen Lebensunterhalt erforderlich ist. Sie unterliegen laufenden Sonderausgaben zu einem Wiedergutmachungsfond, soweit sie Einkommen beziehen;

3. sie sind dauernd unfähig, ein öffentliches Amt einschließlich des Notariats und der Anwaltschaft zu bekleiden;

4, sie verlieren ihre Rechtsansprüche auf eine aus öffentlichen Mitteln zahlbare Pension oder Rente;

5. sie verlieren das Wahlrecht, die Wählbarkeit und das Recht, sich irgendwie politisch zu betätigen und einer politischen Partei als Mitglied anzugehören;

6. sie dürfen weder Mitglieder einer Gewerkschaft noch einer wirtschaftlichen oder beruflichen Vereinigung sein;

7. es wird ihnen auf die Dauer von mindestens 10 Jahren untersagt

a) in einem freien Beruf oder selbständig in einem Unternehmen oder gewerblichen Betrieb jeglicher Art tätig zu sein, sich daran zu beteiligen oder die Aufsicht oder Kontrolle hierüber auszuüben;

b) in nicht selbständiger Stellung anders als in gewöhnlicher Arbeit beschäftigt zu werden;

c) als Lehrer, Prediger, Redakteur, Schriftsteller oder Rundfunk-Kommentator tätig zu sein;

8. sie unterliegen Wohnungs- und Aufenthaltsbeschränkungen und können zu gemeinnützigen Arbeiten herangezogen werden;

9. sie verlieren alle ihnen erteilten Approbationen, Konzessionen und Berechtigungen sowie das Recht, einen Kraftwagen zu halten.

Belastete

Artikel 16. Sühnemaßnahmen gegen Belastete:

1. Sie können auf die Dauer bis zu 5 Jahren in ein Arbeitslager eingewiesen werden, um Wiedergutmachungs- und Aufbauarbeiten zu verrichten. Politische Haft nach dem 8. Mai 1945 kann angerechnet werden;

2. sie sind zu Sonderarbeiten für die Allgemeinheit heranzuziehen, sofern sie nicht in ein Arbeitslager eingewiesen werden;

3. ihr Vermögen ist als Beitrag zur Wiedergutmachung ganz oder teilweise einzuziehen. Bei vollständiger Einziehung ist gemäß Artikel 15 Nr. 2 Satz 2 zu verfahren. Bei teilweiser Einziehung des Vermögens sind insbesondere die Sachwerte einzuziehen. Es sind ihnen die notwendigsten Gebrauchsgegenstände zu belassen;

4. sie sind dauernd unfähig, ein öffentliches Amt einschließlich des Notariats und der Anwaltschaft zu bekleiden;

5. sie verlieren ihre Rechtsansprüche auf eine aus öffentlichen Mitteln zahlbare Pension oder Rente;

6. sie verlieren das Wahlrecht, die Wählbarkeit und das Recht, sich irgendwie politisch zu betätigen und einer politischen Partei als Mitglied anzugehören;

7. sie dürfen weder Mitglied einer Gewerkschaft noch einer wirtschaftlichen oder beruflichen Vereinigung sein;

8. es ist ihnen auf die Dauer von mindestens 5 Jahren untersagt,

a), in einem freien Beruf oder selbständig in einem Unternehmen oder gewerblichen Betrieb jeglicher Art tätig zu sein, sich daran zu beteiligen oder die Aufsicht oder Kontrolle hierüber auszuüben;

b) in nicht selbständiger Stellung anders als in gewöhnlicher Arbeit beschäftigt zu sein;

c) als Lehrer, Prediger, Redakteur, Schriftsteller oder Rundfunk-Kommentator tätig zu sein.

9. sie unterliegen Wohnungs- und Aufenthaltsbeschränkungen;

10. sie verlieren alle ihnen erteilten Approbationen, Konzessionen und Berechtigungen sowie das Recht, einen Kraftwagen zu halten.

Artikel 17. Sühnemaßnahmen gegen Minderbelastete:

I. Es ist ihnen während der Dauer der Bewährungsfrist untersagt:

a) ein Unternehmen als Inhaber, Gesellschafter, Vorstandsmitglied oder Geschäftsführer zu leiten oder ein Unternehmen zu beaufsichtigen oder zu kontrollieren, ein Unternehmen oder eine Beteiligung daran ganz oder teilweise zu erwerben;

b) in nicht selbständiger Stellung anders als in gewöhnlicher Arbeit beschäftigt zu sein;

c) als Lehrer, Prediger, Redakteur, Schriftsteller oder Rundfunk-Kommentator tätig zu sein.

II. Ist der Minderbelastete zur Zeit der Einreihung in die Bewährungsgruppe an einem Unternehmen als Inhaber oder Gesellschafter beteiligt, so wird seine Beteiligung an dem Unternehmen für die Dauer der Bewährung gesperrt und ein Treuhänder bestellt. Die Spruchkammer bestimmt, welcher Teil des von dem Treuhänder erzielten Geschäftseinkommens an den Minderbelasteten auszuzahlen ist. Die endgültige Verfügung über das gesperrte Vermögen wird in dem Zeitpunkt der endgültigen Einreihung des Minderbelasteten getroffen.

III. Als Unternehmen im Sinne des Absatzes Ia und II dieses Artikels gelten nicht Kleinbetriebe, insbesondere Handwerksbetriebe, Einzelhandelsgeschäfte, Bauernhöfe und dergleichen mit weniger als zehn Arbeitnehmern.

IV. Vermögenswerte, deren Erwerb auf Ausnutzung von politischen Beziehungen oder besonderen nationalsozialistischen Maßnahmen wie Arisierung und Aufrüstung beruhen, sind einzuziehen.

V. Einmalige oder laufende Sonderbeiträge zu einem Wiedergutmachungsfond sind anzuordnen.

VI. Für die Dauer der Bewährung können zusätzlich einzelne der in Artikel 16 bezeichneten Sühnemaßnahmen in gerechter Auswahl und Milderung verhängt werden, insbesondere:

a) Beschränkung in der Ausübung eines freien Berufes und Verbot der Ausbildung von Lehrlingen;

b) bei Beamten: Kürzung des Ruhegehaltes, Versetzung in den Ruhestand oder in ein Amt mit geringerem Rang oder an eine andere Dienststelle unter Kürzung der Bezüge. Rückgängigmachung einer Beförderung, Überführung aus dem Beamtenverhältnis in .ein Angestelltenverhältnis;

c) in der Wirtschaft einschließlich Land- und Forstwirtschaft: Verbot der Fortführung eines Unternehmens, Verpflichtung zur Veräußerung einer Beteiligung, Erhöhung der Ablieferungspflicht landwirtschaftlicher oder sonstiger Erzeugnisse und Auferlegung besonderer Dienstleistungen.

VII. Einweisung in ein Arbeitslager und vollständige Einziehung des Vermögens dürfen nicht angeordnet werden.

siehe zu Abs. V. die Richtlinien für die Festsetzung der Sonderbeiträge zu einem Wiedergutmachungsfonds vom 29. Mai 1946 (RegBl. 1947 S. 52).

Mit Gesetz vom 29. März 1948 wurde dem Artikel 17 folgende Ziffer mit Wirkung vom 25. März 1948 angefügt:

„VIII. Von der Festsetzung von Sühnemaßnahmen und von der Anordnung einer Bewährungsfrist kann ganz oder teilweise abgesehen werden, wenn sich der Betroffene nach seiner Gesamthaltung bereits bewährt hat, oder wenn ein Mißverhältnis zwischen den auf Grund der Eingruppierung zu verhängenden Sühnemaßnahmen und den seitherigen persönlichen oder wirtschaftlichen beschränkungen besteht. Wird von der Festsetzung von Sühnemaßnahmen und von einer Bewährungsfrist ganz abgesehen, so kann der Betroffene ohne Nachverfahren (Art. 52 Abs. 2) sofort in die Gruppe der Mitläufer eingereiht werden."

Mitläufer

Artikel 18. Sühnemaßnahmen gegen Mitläufer:

I. Gegen Mitläufer sind einmalige oder laufende Beiträge zu einem Wiedergutmachungsfond anzuordnen. Hierbei sind die Dauer der Mitgliedschaft, die Höhe der Beiträge und sonstigen Zuwendungen sowie die Vermögens-, Erwerbs- und Familienverhältnisse und ähnliche Umstände zu berücksichtigen.

2. Bei Beamten kann zusätzlich Versetzung in den Ruhestand oder in ein Amt mit geringerem Rang oder an eine andere Dienststelle, gegebenenfalls unter Kürzung der Bezüge oder Rückgängigmachung einer während der Zugehörigkeit zur NSDAP eingeleiteten Beförderung angeordnet werden. Bei Personen der Wirtschaft einschließlich Land- und Forstwirtschaft können entsprechende Maßnahmen angeordnet werden.

Mit Gesetz vom 29. März 1948 wurde dem Artikel 18 folgende Ziffer mit Wirkung vom 25. März 1948 angefügt:

„3. Die Bestimmungen des Art. 17 Ziff. VIII finden entsprechende Anwendung."

Mildernde Umstände

Artikel 19. Soweit die Sühnemaßnahmen nach Ermessen festgesetzt werden können, kommen als mildernde Umstände insbesondere in Betracht:

I. Jugend oder Unreife;

2. schwere Körperversehrtheit infolge von Kriegseinwirkung;

3. schwere Dauerbelastung der wirtschaftlichen Leistungsfähigkeit durch Invalidität von Angehörigen, insbesondere auf Grund von Kriegseinwirkung.

Artikel 20. (1) Gegen Personen, die nach dem I. Januar 1919 geboren sind, können Sühnemaßnahmen nach diesem Gesetz nur angeordnet werden, wenn sie Hauptschuldige, Belastete oder Minderbelastete sind.

(2) Gegen diese Personen können, sofern sie nicht Hauptschuldige sind, nach Maßgabe besonderer Ausführungsbestimmungen die Sühnemaßnahmen gemildert werden.

Artikel 21. Wird auf die Einziehung von Vermögenswerten erkannt, so sind alle Verfügungen und sonstigen Rechtsgeschäfte nichtig, die in der Absicht vorgenommen worden sind oder werden, die Heranziehung des Vermögens zur Wiedergutmachung zu vereiteln oder zu erschweren. .

Artikel 22. (1) Strafbare Handlungen von Nationalsozialisten und Militaristen können unabhängig von diesem Gesetz strafrechtlich verfolgt werden. Dies gilt insbesondere von Kriegsverbrechen und sonstigen Straftaten, die unter der nationalsozialistischen Gewaltherrschaft ungesühnt geblieben sind.

(2) Strafgerichtliche Verfolgung steht einem Verfahren wegen der gleichen Tat nach diesem Gesetz nicht entgegen. Jedoch können bei der Auferlegung von Sühnemaßnahmen nach diesem Gesetz Strafen, die wegen der gleichen Handlung in einem Strafverfahren verhängt worden sind, berücksichtigt werden.

II. Abschnitt

Der Minister

Artikel 23. Der Ministerpräsident ernennt einen Minister für politische Befreiung, der die Aufgabe hat, dieses Gesetz durchzuführen. Er muß seit langem Gegner der nationalsozialistischen Gewaltherrschaft und des Militarismus sein, für die Demokratie eintreten und sich zu den Grundsätzen dieses Gesetzes bekennen.

Mit Gesetz vom 3. April 1950 erhielt der Artikel 23 folgende Fassung:

*„**Artikel 23.** Der Ministerpräsident bestimmt im Einvernehmen mit dem Ministerrat ein Mitglied der Regierung, das die in diesem Gesetz dem Minister für politische Befreiung übertragenen Aufgaben zu erfüllen hat.“*

diese Minister waren:

07.04.1946 bis 03.02.1948 Gottlob Kamm (SPD)

03.02.1948 bis 03.10.1948 Walter Koransky (beauftragt)

Die Kammern

Artikel 24. (1) Die Entscheidung über die Einreihung in die Gruppen Verantwortlicher und die Festsetzung der Sühne erfolgt durch Kammern.

(2) Für den ersten Rechtszug werden in den Stadt- und Landkreisen Spruchkammern gebildet.

(3) Für den zweiten Rechtszug werden Berufungskammern gebildet.

(4) Für jede Kammer wird ein öffentlicher Kläger bestellt.

Artikel 25. (1) Die Kammern bestehen aus einem Vorsitzenden und mindestens zwei Beisitzern.

(2) Die Mitglieder der Kammern müssen mindestens 30 Jahre alt sein.

(3) Der Vorsitzende der Spruchkammer soll, der der Berufungskammer muß die Befähigung zum Richteramt oder zum höheren Verwaltungsdienst haben.

(4) Die Mitglieder der Spruchkammern sollen mit den örtlichen Verhältnissen ihres Spruchbereichs vertraut sein. Unter den Beisitzern soll möglichst die Berufsgruppe des Betroffenen oder’ eine verwandte Gruppe vertreten sein. Diese Beisitzer dürfen jedoch nicht die Mehrheit bilden und nicht geschäftliche Konkurrenten des Betroffenen sein.

Mit Gesetz vom 31. März 1948 erhielt der Art. 25 Abs. 3 mit Wirkung vom 1. März 1948 folgende Fassung:

„(3) Der Vorsitzende der Spruchkammer soll, der der Berufungskammer muß die Befähigung zum Richteramt oder zum höheren Verwaltungsdienst haben. Ausnahmsweise können auch Vorsitzende von Spruchkammern, die sich als solche bewährt habe, als Vorsitzende von Berufungskammer verwendet werden, auch wenn sie die Befähigung zum Richteramt oder zum höheren Verwaltungsdienst nicht besitzen.“

Artikel 26. (1) Die Vorsitzenden, ihre Vertreter, die Beisitzer der Kammern (Spruch- und Berufungskammern) und die öffentlichen Kläger werden durch den Minister für politische Befreiung bestellt. Die Ernennung der Vorsitzenden und ihrer Vertreter erfolgt nach Beratung mit dem Justizminister.

(2) Für die Bestellung der Beisitzer sind Vorschläge der im Landesmaßstab zugelassenen demokratischen Parteien einzuholen. Eine einseitige politische Zusammensetzung der Kammern ist zu vermeiden.

(3) Die Heranziehung der Beisitzer zu den einzelnen Sitzungen erfolgt in einer vorher festgesetzten Reihenfolge durch den Vorsitzenden.

Artikel 27. (1) Die Mitglieder der Kammern sind unabhängig und nur dem Gesetz unterworfen.

(2) Sie leisten in öffentlicher Sitzung einen Eid dahin, daß sie niemanden zuliebe und niemanden zuleide nach bestem Wissen und Gewissen unparteiisch und unbefangen Gerechtigkeit gegenüber jedermann üben werden. Die Zufügung einer religiösen Beteuerungsformel ist zulässig.

(3) Die Dienstaufsicht über die Kammern übt der Minister für politische Befreiung aus.

Artikel 28. Alle Personen, die mit der Durchführung dieses Gesetzes beauftragt werden, müssen als Gegner des Nationalsozialismus und Militarismus bekannt sein; sie müssen persönlich unbescholten und gerechtdenkend sein.

Örtliche Zuständigkeit

Artikel 29. Die örtliche Zuständigkeit der Kammer wird begründet durch:

a) den gegenwärtigen oder letzten Wohnsitz oder Aufenthaltsort des Betroffenen;

b) den Ort, an dem der Betroffene auf behördliche Anordnung verwahrt wird;

c) den Ort, an dem der Betroffene sich zu irgendeinem Zeitpunkt betätigt hat;

d) den Ort, an dem sich Vermögen des Betroffenen befindet.

Bei Zweifeln über die örtliche Zuständigkeit entscheidet der Minister für politische Befreiung.

Artikel 30. Ist die an sich zuständige Kammer in einem Einzelfall an der Ausübung des Richteramtes rechtlich oder tatsächlich verhindert, so überträgt der Minister für politische Befreiung die Untersuchung und Entscheidung des Falles der gleichstehenden Kammer eines anderen Bezirks.

Sachliche Zuständigkeit

Artikel 31. (1) Die Kammern sind zur Entscheidung aller Fälle nach diesem Gesetz berechtigt und verpflichtet ohne Bindung an vorhergegangene Entscheidungen anderer Stellen.

(2) Neben den Verfahren vor den Kammern finden andere Verfahren zur politischen Befreiung nicht mehr statt.

Antragsberechtigte

Artikel 32. (1) Antragsberechtigt ist:

I. der Minister für politische Befreiung und seine Beauftragten;

2. der öffentliche Kläger;

3. der Bürgermeister der gegenwärtigen und der früheren Wohngemeinde;

4. bei Beamten und Angestellten der öffentlichen Verwaltung die oberste im Lande befindliche Dienstbehörde;

5. der Verletzte, sofern er durch den Betroffenen im Einzelfall unmittelbar geschädigt ist;

6. die Gewerkschaften, die Berufs- und Standesvertretungen und die im Landesmaßstab zugelassenen politischen Parteien, sowie jede andere zugelassene Organisation;

7. der Betroffene selbst oder sein gesetzlicher Vertreter.

(2) Der Antrag muß die Person des Betroffenen bezeichnen und kurz begründet sein. Er kann bei jeder Kammer eingereicht werden.

Der öffentliche Kläger

Artikel 33. (1) Der öffentliche Kläger hat alle Verantwortlichen (Art. 4) zu ermitteln. Er erhält und prüft alle Meldebogen (Art. 3), die Anträge (Art. 32), Anzeigen und sonstigen Hinweise auf Verantwortliche und leitet die Ermittlungen von Amts wegen ein. Er führt die Untersuchung durch, erhebt die Klage und vertritt sie vor der Kammer.

Die Klage muß enthalten:

a) die Gruppe der Verantwortlichen, in die der Betroffene eingereiht werden soll;

b) die gegen ihn vorliegenden Verdachtsgründe;

c) die wesentlichen Beweismittel;

d) den Antrag, ob die Entscheidung im schriftlichen Verfahren oder auf Grund mündlicher Verhandlungen erfolgen soll.

(2) Soweit in der dem Gesetz angefügten Liste oder in Anweisungen des Ministers für politische Befreiung Personengruppen oder Einzelpersonen als besonders prüfungsbedürftig bezeichnet werden, ist die Untersuchung mit besonderer Sorgfalt zu führen.

(3) Gehört der Betroffene in die Klasse 1 der angefügten Liste, so ist die Untersuchung vordringlich durchzuführen und die Klage mit dem Antrag zu erheben, ihn in die Gruppe der Hauptschuldigen einzureihen. In diesem Falle muß eine mündliche Verhandlung stattfinden.

(4) Gehört der Betroffene in die Klasse 11 der angefügten Liste, so hat der Kläger in der Klage den Antrag auf Einreihung in die Gruppe der Hauptschuldigen oder der Belasteten, oder wenn dies nach dem Ergebnis seiner Untersuchung ihm. gerechtfertigt erscheint, in die Bewährungsgruppe zu

Stellen. Auch in diesem Falle muß eine mündliche Verhandlung stattfinden, wenn der öffentliche Kläger, der Antragsteller oder der Betroffene es beantragt.

(5) Gehört der Betroffene in keine der in der Liste aufgeführten Personengruppen, so hat der öffentliche Kläger je nach dem Ergebnis der Untersuchung Antrag auf Einreihung in die Gruppen der Verantwortlichen zu stellen.

Gehört der Betroffene in die Gruppe der Hauptschuldigen oder Belasteten, so hat der öffentliche Kläger nach Abs. 3 und 4 zu verfahren. Gehört der Betroffene in die Gruppe der Minderbelasteten oder in die Gruppe der Mitläufer, so beantragt der öffentliche Kläger Entscheidung in schriftlichem Verfahren. Erscheint der Betroffene entlastet oder überhaupt nicht belastet, so stellt der öffentliche Kläger das Verfahren ein.

(6) Die Klage, ein Antrag auf Entscheidung im schriftlichen Verfahren und ein Einstellungsbeschluß sind dem Betroffenen und dem Antragsteller zuzustellen.

(7) Falls der öffentliche Kläger Entscheidung im schriftlichen Verfahren beantragt oder das Verfahren einstellt, kann der Antragsteller binnen 2 Wochen die Entscheidung der Kammer anrufen.

Durch Gesetz vom 23. Oktober 1947 erhielt der Artikel 33 Ziffer 4 mit Wirkung vom 7. Oktober 1947 folgenden Absatz 2 angefügt:

„Abweichend davon kann der öffentliche Kläger, wenn dies nach dem Ergebnis seiner Untersuchung gerechtfertigt ist, in jedem Falle den Antrag auf Einreihung in die Gruppe der Minderbelasteten oder der Mitläufer bei Personen stellen, die nicht einer verbrecherischen Organisation im Sinne des Nürnberger Urteils angehören und gegen die kein genügender Beweis vorliegt, um die Klage mit einem anderen Antrage als auf Einreihung in die Gruppe der Minderbelasteten oder Mitläufer zu erheben. Die Klage, mit der der Antrag auf Einreihung in die Gruppe der Minderbelasteteten oder Mitläufer zu erheben. Die Klage, mit der der Antrag auf Einreihung in die Gruppe der Mitläufer gestellt wird, bedarf vor der Vorlage bei der Kammer der Genehmigung der Militärregierung. Bei der Entschließung darüber, in welchen Fällen die Klage gegen diese Personen mit dem Antrage auf Einreihung als Mitläufer angebracht erscheint, kann der Kläger nach seinem Ermessen handeln, insbesondere bei nominellen Mitgliedern der NSDAP, gegen welche kein anderer positiver Beweis eienr aktiven Teilnahme vorliegt als die Tatsache, daß sie

a) der NSDAP nach dem 30. Januar 1933 beitraten oder

b) in der NSDAP nach einer Dienstzeit in der Hitlerjugend (HJ und BDM) aufgenommen wurden (Teil A/D II Ziffer 5 der Liste) oder

c) als Blockwalter der NSV sich betätigten.

Durch Gesetz vom 29. März 1948 erhielt der Art. 33 Ziff. 4 mit Wirkung vom 25. März 1948 folgende Fassung:

„Abweichend davon kann der öffentliche Kläger, wenn dies nach dem Ergebnis einer Untersuchung gerechtfertigt ist, in jedem Falle den Antrag auf Einreihung in die Gruppe der Minderbelasteten oder der Mitläufer bei Personen stellen, gegen die kein genügender Beweis vorliegt, um die Klage mit einem anderen Antrage als auf Einreihung in die Gruppe der Minderbelasteten oder Mitläufer zu erheben."

Beweislast

Artikel 34. I. Gehört der Betroffene in die Klasse 1 oder II der dem Gesetz angefügten Liste, so hat er in klarer und überzeugender Weise darzutun, daß er in eine für ihn günstigere Gruppe fällt. Er hat seine Beweise unverzüglich der Kammer vorzulegen. Gehört der Betroffene in die Klasse I, so sind an die von ihm vorgebrachten Einwendungen besonders strenge Anforderungen zu stellen.

II. Wer behauptet, Mitläufer oder Entlasteter zu sein, hat dies im Zweifelsfalle zu beweisen.

Verfahren vor der Kammer

Artikel 35. (1) Die Kammern regeln das Verfahren nach freiem Ermessen. Sie haben von Amts wegen alles zu tun, was zur Erforschung der Wahrheit notwendig ist.

(2) Sie können Zeugen und Sachverständige eidlich vernehmen oder Versicherungen an Eidesstatt entgegennehmen, ferner das persönliche Erscheinen des Betroffenen, eines Zeugen oder Sachverständigen durch Vorführungsbefehl und Ordnungsstrafen erzwingen.

(3) Die Verhandlungstermine sind in geeigneter Weise vorher bekanntzumachen.

(4) Der Betroffene hat Anspruch auf rechtliches Gehör. Er kann sich eines Rechtsanwalts oder eines sonst zugelassenen Rechtsbeistandes bedienen.

(5) Bei unentschuldigtem Ausbleiben oder Unerreichbarkeit des Betroffenen kann in seiner Abwesenheit verhandelt und entschieden werden.

Artikel 36. Gegen einen Abwesenden, dessen Aufenthalt unbekannt ist oder der sich außerhalb des Landes aufhält oder dessen Bestellung vor die zuständige Kammer nicht ausführbar erscheint, findet eine Verhandlung nur auf Antrag des öffentlichen Klägers statt. Der Abwesende ist zu der Verhandlung in geeigneter Weise öffentlich zu laden. Es ist ihm ein Vertreter zu bestellen.

Artikel 37. Ist der Betroffene tot, so kann auf Anordnung des Ministers für politische Befreiung ein Verfahren zur ganzen oder teilweisen Einziehung des im Lande gelegenen Nachlasses ohne Rücksicht auf gesetzliche Erbfolge oder letztwillige Verfügungen durchgeführt werden. Das Verfahren soll nur angeordnet werden, wenn der Betroffene als Hauptschuldiger oder Belasteter im Sinne dieses Gesetzes anzusehen ist.

Artikel 38. (1) Über das Ergebnis der Beweisaufnahme entscheidet die Kammer nach ihrer freien, aus dem Inbegriff der Verhandlung geschöpften Überzeugung, ohne an Anträge gebunden zu sein.

(2) Die Kammer entscheidet mit Stimmenmehrheit in geheimer Beratung.

Artikel 39. Bei der Entscheidung über die Zuweisung des Betroffenen in die Gruppen Verantwortlicher berücksichtigt die Kammer insbesondere:

I. Zu Ungunsten des Betroffenen:

I. eifriges persönliches Eintreten für nationalsozialistische Ideen und Maßnahmen;

2. Ausnutzung eines Vorgesetztenverhältnisses zu politischen Zwecken, unter anderem Druck auf Abhängige zum Eintritt in die NSDAP oder ihre Gliederungen;

3: Anwendung von politischem Druck zur Erreichung privater Ziele;

4. körperliche Mißhandlung oder Bedrohung von politischen Gegnern;

5. unsoziales oder rohes Verhalten gegenüber politischen Gegnern, wirtschaftlich Schwächeren, insbesondere Abhängigen (z. B. gegenüber ausländischen Arbeitern) oder gegenüber rassischen oder religiösen Minderheiten;

6. Bedrohung von Beamten zur Erzwingung oder Unterlassung von Amtshandlungen.

II. Zu Gunsten des Betroffenen:

1. Austritt aus der NSDAP und ihrer Gliederungen vor dem 30. Januar 1933 oder später durch persönliche Erklärung unter Verhältnissen, in denen Mut dazu gehörte, und Ausschluß aus der NSDAP und ihrer Gliederungen, wenn dieser wegen Widerstandes gegen Parteiforderungen und nicht wegen ehrenrührigen Verhaltens erfolgte. Späterer Wiedereintritt hebt die Wirkung einer solchen Austrittserklärung oder eines Ausschlusses auf;

2. nachweisbare Zusammenarbeit mit einer Widerstandsbewegung oder mit anderen gegen die nationalsozialistische Gewaltherrschaft gerichteten Bewegungen, wenn dieser Widerstand auf antinationalsozialistischen und antimilitaristischen Beweggründen beruhte;

3. nachweisbare regelmäßige öffentliche Teilnahme an den Veranstaltungen einer anerkannten Religionsgesellschaft, sofern klar erwiesen ist, daß diese Teilnahme eine Ablehnung des Nationalsozialismus bedeutete;

4. nachweisbare wiederholte Förderung und Unterstützung von Opfern und Gegnern des Nationalsozialismus, sofern sie auf antinationalsozialistischen Beweggründen beruhte;

5. nachweisbare politische Verfolgung oder Unterdrückung durch die nationalsozialistische Gewaltherrschaft wegen antinationalsozialistischer Tätigkeit oder Haltung trotz Zugehörigkeit zur NSDAP oder einer ihrer Gliederungen.

III. Zwangsweise angeordnete Tätigkeit im Gesundheitswesen wird, auch wenn sie mit einem Rang verbunden war, nicht als Belastung zugerechnet.

Artikel 40. (1) Die Kammern und bei Dringlichkeit der Vorsitzende können in jeder Lage des Verfahrens einstweilige Anordnungen treffen:

(2) Sie können insbesondere die Festnahme und Festhaltung des Betroffenen verfügen, seine Weiterbeschäftigung verbieten und die Sperre seines Vermögens anordnen.

Artikel 41. Der Spruch der Kammer stellt fest, ob der Betroffene Hauptschuldiger, Belasteter, Minderbelasteter (Bewährungsgruppe), Mitläufer oder Entlasteter ist und ordnet die gebotenen Sühnemaßnahmen an. :

Artikel 42. (1) Bei der Zuweisung zur Gruppe der Minderbelasteten setzt die Kammer die Dauer der Bewährungsfrist fest. Zugleich werden die während der Dauer der Bewährungsfrist in Kraft tretenden Sühnemaßnahmen angeordnet.

(2) Nach Ablauf der Bewährungsfrist hat der öffentliche Kläger auf Grund des Ergebnisses seiner Erhebungen Antrag zu stellen, welcher Gruppe Verantwortlicher der Betroffene zuzuweisen ist. Die Kammer hat mit der Entscheidung hierüber zugleich endgültig über die Sühnemaßnahmen zu bestimmen. Bewährt sich der Betroffene nicht, so ist schon vor Ablauf der Bewährungsfrist auf Antrag des öffentlichen Klägers der Betroffene in einem erneuten Verfahren der Gruppe der Belasteten zuzuweisen. Zugleich sind die Sühnemaßnahmen festzusetzen.

Artikel 43. Erfolgt die Entscheidung im schriftlichen Verfahren, so ist dem Betroffenen ausreichend Gelegenheit zu seiner Verteidigung und zur Vorlage seiner Beweismittel zu geben.

Artikel 44. Der Spruch der Kammer ist schriftlich niederzulegen, unter Hervorhebung der zu Gunsten und der zu Ungunsten des Betroffenen sprechenden Umstände kurz zu begründen und von den Mitgliedern der Kammer zu unterzeichnen.

Artikel 45. Eine Ausfertigung des Spruchs mit Begründung ist zuzustellen:

1. dem öffentlichen Kläger,

2. dem Antragsteller,

3. dem Betroffenen und seinem gesetzlichen Vertreter:

Berufung

Artikel 46. Gegen den Spruch der Kammer können die in Artikel 45 Genannten Berufung an die Berufungskammer einlegen. Die Berufung muß innerhalb eines Monats nach Zustellung des Spruchs bei der Spruch- oder Berufungskammer eingelegt und schriftlich begründet werden.

Artikel 47. (1) Die Berufung kann sich sowohl gegen die Einreihung in eine Gruppe als auch gegen die Festsetzung von Sühnemaßnahmen richten; soweit sie im Ermessen der Kammern liegen.

(2) Sie. kann nur darauf gestützt werden, daß der festgestellte Tatbestand die Entscheidung der Spruchkammer nicht rechtfertigt oder daß willkürlich oder parteiisch verfahren wurde. Die Berufungskammer kann offensichtlich unbegründete Berufungen verwerfen. Sie kann, wenn es ihr nach ihrem Ermessen zur gerechten Entscheidung des Falles erforderlich erscheint, eine neue Beweisaufnahme selbst vornehmen. Dies gilt insbesondere, wenn wesentliche Tatsachen oder Beweismittel nicht früher geltend gemacht werden konnten.

(3) Die Entscheidung kann lauten auf Bestätigung oder Abänderung der angefochtenen Entscheidung oder Zurückverweisung an die gleiche oder eine andere Spruchkammer zur neuerlichen Verhandlung.

(4) Für das Verfahren vor den Berufungskammern gelten im übrigen die Vorschriften über das Verfahren vor den Spruchkammern entsprechend.
Wiederaufnahme

Artikel 48. (1) Auf Grund neuer wesentlicher Tatsachen oder Beweismittel kann das Verfahren auf Antrag wieder aufgenommen werden.

(2) Über die Zulässigkeit der Wiederaufnahme entscheidet die Spruchkammer ohne mündliche Verhandlung. Gegen eine ablehnende Entscheidung ist die Berufung zulässig.

Ausschluß von Rechtsmitteln

Artikel 49. Andere Rechtsmittel als die Berufung sind nicht zugelassen. Insbesondere sind Beschwerden gegen einstweilige Anordnungen nicht statthaft.

Vollstreckung

Artikel 50. Für die Vollstreckung der angeordneten Maßnahmen erläßt der Minister: für politische Befreiung die erforderlichen Ausführungsvorschriften.

Gruppenregister

Artikel 51. (1) Nach rechtskräftiger Entscheidung durch die Kammern werden die Einreihung des Betroffenen und die von ihm verwirkten Sühnemaßnahmen in seinen Personalausweis und in ein hierfür angelegtes Register eingetragen.

(2) Das Register steht jedermann zur Einsicht offen.

Überprüfung

Artikel 52. (1) Der Minister für politische Befreiung kann sich jede Entscheidung zur Nachprüfung vorlegen lassen.

(2) Hält der öffentliche Kläger eine rechtskräftige Entscheidung der Kammer für offensichtlich verfehlt oder im Widerspruch mit den Zielen dieses Gesetzes stehend, so hat er sie dem Minister für politische Befreiung zur Nachprüfung vorzulegen.

(3) Der Minister kann die Entscheidung aufheben, die erneute Durchführung des Verfahrens anordnen und hierbei den Fall an eine andere Spruchkammer verweisen.

Artikel 53. Wenn der Betroffene während einer wesentlichen Zeitspanne nach rechtskräftiger Entscheidung durch sein Gesamtverhalten bewiesen hat, daß er sich vom Nationalsozialismus völlig abgewandt hat und geeignet und bereit ist, nunmehr an dem Wiederaufbau Deutschlands auf einer friedlichen und demokratischen Grundlage mitzuarbeiten, so kann der öffentliche Kläger nach gründlicher Überprüfung des Falles dem Minister für politische Befreiung vorschlagen, die gegen den Betroffenen ergangenen Entscheidungen zu mildern oder aufzuheben. Der Minister trifft seine Entscheidung nach billigem Ermessen unter Berücksichtigung der Grundsätze und Ziele dieses Gesetzes.

Gnadenrecht

Artikel 54. Das Gnadenrecht wird auf Vorschlag des Ministers für politische Befreiung durch den Ministerpräsidenten ausgeübt.

Rechtshilfe

Artikel 55. Der öffentliche Kläger und die Kammern dürfen außerhalb ihres Amtsbereichs ohne Zustimmung der örtlichen zuständigen Behörden Amtshandlungen vornehmen.

Artikel 56. (1) Alle Behörden des Staates, der Gemeinden und der Polizeiverwaltung, sowie die Selbst- und Sonderverwaltungen haben den mit dem Vollzug des Gesetzes betrauten Stellen Rechtshilfe zu leisten. Das Ersuchen darf nicht abgelehnt werden. Kosten und Auslagen der Rechtshilfe werden den ersuchten Behörden nicht erstattet.

(2) Stempel, Gebühren und öffentliche Abgaben, die nach den Gesetzen des Landes in Verbindung mit Rechtshilfeersuchen zur Erhebung gelangen, bleiben außer Ansatz.

(3) Diese Bestimmungen gelten auch, wenn das Rechtshilfeersuchen auf Grund dieses Gesetzes von der Behörde eines anderen deutschen Landes gestellt wird.

Gebühren

Artikel 57. Das Verfahren auf Grund dieses Gesetzes ist gebührenpflichtig.

III. Abschnitt

Gesetzliches Tätigkeits- und Beschäftigungsverbot

Artikel 58. (1) Mit dem Inkrafttreten dieses Gesetzes dürfen Personen, die in Klasse I oder II der dem Gesetz angefügten Liste aufgeführt sind oder die sonst Mitglieder der NSDAP oder einer ihrer Gliederungen (ausgenommen HJ und BDM) waren, in der öffentlichen Verwaltung, in Privatunternehmungen, in gemeinnützigen Unternehmen und, Wohlfahrtseinrichtungen, sowie in freien Berufen nicht anders als in gewöhnlicher Arbeit beschäftigt werden oder tätig sein. Soweit diese Personen in anderer Weise als in gewöhnlicher Arbeit noch tätig sind oder beschäftigt werden, sind sie mit dem Inkrafttreten dieses Gesetzes aus ihren Stellungen zu entfernen und auszuschließen. Sie dürfen nicht mehr in der gleichen Behörde oder in den gleichen Betrieben tätig sein. An anderer Stelle dürfen sie nur in gewöhnlicher Arbeit beschäftigt werden.

(2) Von der Entfernung und dem Ausschluß werden nicht nur solche Personen betroffen, die sich in einem Abhängigkeitsverhältnis befinden, sondern ebenso auch Unternehmer, Geschäftsinhaber und Beteiligte.

(3) Die Bestimmungen gelten nicht für Inhaber und Beschäftigte von Kleinbetrieben, insbesondere Handwerksbetrieben, Einzelhandelsgeschäften, Bauernhöfen und dergleichen mit weniger als 10 Arbeitnehmern. Diese Bestimmungen gelten ferner nicht für Personen, die in freien Berufen tätig sind, vorausgesetzt, daß sie nicht mehr als2 Hilfsangestellte, wie Büropersonal, Krankenschwestern oder dergleichen beschäftigen.

(4) Das Beschäftigungs- und Betätigungsverbot gilt bis zur rechtskräftigen Entscheidung durch die Kammer. Nach Entscheidung der Kammer bestimmen sich die Beschränkungen hinsichtlich Beschäftigung oder Betätigung nach den auferlegten Sühnemaßnahmen.

Mit Gesetz vom 23. Oktober 1947 wurde der Artikel 58 mit Wirkung vom 7. Oktober 1947 wie folgt geändert:

- der Abs. 1 erhielt folgende Fassung:

„(1) Personen, die in Klasse I oder II der dem Gesetz angefügten Liste aufgeführt sind, dürfen in der öffentlichen Verwaltung, in Privatuternehmungen, in gemeinnützigen Unternehmen und Wohlfahrtseinrichtungen sowie in freien Berufen nicht anders als n gewöhnlicher

Arbeit beschäftigt werden oder tätig sein. Soweit diese Personen in anderer Weise als in gewöhnlicher Arbeit noch tätig sind oder beschäftigt werden, sind sie aus ihren Stellungen zu entfernen und auszuschließen. Sie dürfen nicht mehr in der gleichen Behörde oder in den gleichen Betrieben tätig sein. An anderer Stelle dürfen sie nur in gewöhnlicher Arbeit beschäftigt sein."

- hinter dem Abs. 3 wurde folgender Absatz eingefügt:

„(3a) Nicht in Klasse I oder II fallende Personen, die Mitglieder der NSDAP oder einer ihrer Gliederungen (ausgenommen Hitlerjugend - HJ oder BDM) waren, dürfen in kein öffentliches Amt gewählt werden und keine verantwortliche Stelle im öffentlichen Dienst (Beamte oder Angestellte des höheren Dienstes, Behörden- und Abteilungsleiter, Personalchefs und Personalsachbearbeiter) innehaben und nicht als Lehrer, Prediger, Redakteure, Schriftsteller oder Rundfunkkommentatoren tätig sein. Sie dürfen auch nicht als Inhaber, Gesellschafter, Pächter, Aufsichtsratsmitglieder, Vorstandsmitglieder, Direktoren, Prokuristen, Handlungsbevollmächtigte, Präsidenten, Vizepräsidenten, Geschäftsführer, Betriebsleiter, Personalchefs oder Personalsachbearbeiter in Unternehmen oder Betrieben mit mehr als 50 Arbeitnehmern oder mit einem Einheitswert des Unternehmens von mehr als 1 000 000 RM tätig sein."

Mit Gesetz vom 29. März 1948 wurden im Art. 58 Ziff. 1 und Abs. 3a mit Wirkung vom 25. März 1948 in der jeweils ersten Zeile die Worte „oder II" gestrichen.

Artikel 59. (1) Personen, deren Beschäftigung oder Tätigkeit von der Militärregierung oder auf Grund des Gesetzes Nr. 8 der Militärregierung einstweilen genehmigt worden ist, dürfen bis zur rechtskräftigen Entscheidung durch die Kammer in ihrer Stellung weiter tätig sein oder weiter beschäftigt werden, es sei denn, daß die Militärregierung die Genehmigung vor der Entscheidung widerrufen hat.

(2) Wer auf Grund der Anordnung der Militärregierung oder gemäß Gesetz Nr. 8 der Militärregierung von öffentlichen Ämtern und anderen Stellungen entfernt oder ausgeschlossen ist, darf in diesen nicht wieder beschäftigt werden, bis die Kammer rechtskräftig zu seinen Gunsten entschieden hat.

Mit Gesetz vom 23. Oktober 1947 wurde dem Artikel 59 Abs. 2 mit Wirkung vom 7. Oktober 1947 folgender Satz angefügt:

„Die Bestimmungen des Art. 58 gelten jedoch auch für solche Personen, die auf Grund des Gesetzes Nr. 8 automatisch entlassen wurden, sofern deren Verfahren nach Gesetz Nr. 8 nicht abgeschlossen ist."

Einstweilige Befreiungen

Artikel 60. Der Minister für politische Befreiung kann die weitere Tätigkeit oder Weiterbeschäftigung unter den folgenden Voraussetzungen zeitweilig widerruflich genehmigen:

a) Die Weiterbeschäftigung oder weitere Tätigkeit muß wegen der Spezialkenntnisse des Betroffenen zur Aufrechterhaltung der öffentlichen Gesundheit oder Sicherheit unbedingt erforderlich sein;

b) es darf keine sachlich geeignete, politisch unbelastete Person verfügbar sein;

c) der Betroffene darf nicht zur Gruppe der Hauptschuldigen zählen;

d) er darf seine Stellung nicht lediglich der NSDAP verdanken;

e) er darf keinen Einfluß auf die Leitung und Geschäftspolitik des Betriebes, noch auf die Einstellung und Entlassung anderer haben;

f) sein Arbeitseinkommen darf in keinem Falle den Betrag von monatlich 500.- ff übersteigen; g) er muß so bald wie möglich durch einen politisch Unbelasteten ersetzt werden.

Gesetzliche Vermögenssperre

Artikel 61. (1) Das Vermögen der nach Art. 58 entfernten und ausgeschlossenen Personen unterliegt der Sperre.

(2) Zur Verwaltung und Sicherung des nach diesem Gesetz gesperrten Vermögens bestellt der Minister für politische Befreiung oder eine von ihm beauftragte Stelle einen Treuhänder.

IV. Abschnitt

Übergangsbestimmungen

Artikel 62. Verfahren auf Grund dieses Gesetzes brauchen durch den öffentlichen Kläger nicht eingeleitet zu werden gegen Personen, deren Beschäftigung oder Tätigkeit durch die Militärregierung auf Grund einer Nachprüfung der betreffenden Person endgültig genehmigt worden ist, es sei denn, daß sie Mitglieder der NSDAP öder einer ihrer Gliederungen (ausschließlich H J oder BDM) waren oder daß neue Tatsachen oder Beweismittel zu ihren Lasten zur Kenntnis des öffentlichen Klägers gelangt sind. Mitglieder der NSDAP oder einer ihrer Gliederungen (ausschließlich H J oder BDM), deren Beschäftigung oder Tätigkeit von der Militärregierung auf Grund einer Nachprüfung endgültig genehmigt worden ist, können nicht höher als in die Gruppe der Mitläufer eingereiht werden, es sei denn, daß Beweismittel zu ihren Ungunsten vorliegen.

V. Abschnitt

Schlußbestimmungen

Artikel 63. Als gewöhnliche Arbeit im Sinne dieses Gesetzes gilt eine Tätigkeit in gelernter oder ungelernter Arbeit oder als Angestellter in einer Stellung von untergeordneter Bedeutung, in der der Beschäftigte nicht irgendwie in aufsichtführender, leitender oder organisierender Weise tätig wird oder an der Einstellung oder Entlassung von Personal und an der sonstigen Personalpolitik beteiligt ist.

Artikel 64. Wird der Betroffene durch die Entscheidung der Kammer als Minderbelasteter, Mitläufer oder Entlasteter erklärt, so kann er deswegen keine Ansprüche auf Wiedereinstellung oder Schadenersatz herleiten.

Artikel 65. (1) Mit Gefängnis oder mit Geldstrafe wird bestraft:

a) Wer falsche oder irreführende Bescheinigungen oder Erklärungen abgibt oder Tatsachen verschleiert, die für die Anwendung des Gesetzes von Erheblichkeit sind;

b) wer nach dem I. Juni 1946 einem Beschäftigungsverbot zuwiderhandelt oder eine ihm auf Grund dieses Gesetzes untersagte Tätigkeit weiter ausübt;

c) wer eine von ihm nach diesem Gesetz verlangte Auskunft nicht erteilt;

d) wer seine Meldepflicht nicht erfüllt;

e) wer es unternimmt, zur Umgehung dieses Gesetzes oder der auf Grund dieses Gesetzes getroffenen Anordnungen Vermögen beiseite zu schaffen oder zu verheimlichen oder einem anderen dazu Hilfe zu leisten.

In den Fällen a) und e) kann neben Gefängnis auf Verlust der bürgerlichen Ehrenrechte erkannt werden.

(2) Im übrigen bleiben die Vorschriften des Strafgesetzbuches unberührt.

Mit Gesetz vom 23. Oktober 1947 wurde dem Artikel 65 mit Wirkung vom 7. Oktober 1947 wie folgt geändert:

- dem Abs. 1 wurde folgender Unterabsatz angefügt:

„f.) wer es unternimmt, in rechtswidriger Weise Personen oder Dienststellen, die mit der Durchführung des Gesetzes betraut sind, oder Zeugen oder Sachverständige eines Spruchkammerverfahrens zu beeinflussen, einzuschüchtern oder zu benachteiligen.“

- Satz 2 erhielt folgende Fassung:

„In den Fällen a), e) und f) kann neben Gefängnis auf Verlust der bürgerlichen Ehrenrechte erkannt werden.

Artikel 66. Die Ausführungsvorschriften zu diesem Gesetz erläßt der Minister für politische Befreiung.

siehe hierzu die Durchführungsverordnungen (5.) vom 6. Juni 1946 (RegBl. S. 193, Änderung: RegBl. 1947 S. 188), (7.) vom 6. Juni 1946 (RegBl. S. 194, Änderung: RegBl. 1947 S. 184), (9.) vom 6. November 1946 (RegBl. 1947 S. 52), (10.) vom 4. September 1946 (RegBl. 1947 S. 52), (12.) vom 4. September 1946 (RegBl. 1947 S. 52), (13.) vom 4. September 1946 (RegBl. 1947 S. 52), (15.) vom 15. Januar 1947 (RegBl. S. 55), (16.) vom 15. Januar 1947 (RegBl. S. 53), (17.) vom 6. November 1946 (RegBl. 1947 S. 55), (25.) vom 14. November 1947 (RegBl. 1948 S. 25), (28.) vom 17. Februar 1949 (RegBl. S. 47), die Anordnung über das Verfahren vor der Berufungskammer vom 25. September 1946 (RegBl. 1947 S. 53, Änderung RegBl. 1947 S. 97), Verordnung Nr. 136 über die Eintragung der Einreihung des Betroffenen und die von ihm verwirkten Sühnemaßnahmen in seinem Personalausweis vom 9. Oktober 1946 (RegBl. 1947 S. 32, Änderung: RegBl. 1947 S. 105), die Verordnung Nr. 177 über die Vollstreckung von Arbeits- und Dienstleistungen vom 26. Juni 1947 (RegBl. S. 184).

siehe auch das das Gesetz Nr. 25 über Dienstpflicht aus Anlaß des Befreiungsgesetzes vom 5. März 1946 (RegBl. S. 151, i. d. F. des Gesetzes Nr. 215 (RegBl. 1947 S. 41), Erstes Gesetz zur Wiedergutmachung nationalsozialistischen Unrechts in der Strafrechtspflege vom 31. Mai 1946 (RegBl. S. 205, ber. Reg.Bl. 1948 S. 18, ergänzt: RegBl. 1947 S. 93, geänd. RegBl. 1949 S. 198), Gesetz zur Ahndung nationalsozialistischer Straftaten vom 31. Mai 1946 (RegBl. S. 171, ergänzt: RegBl. 1947 S. 94), Gesetz Nr. 169 über die Bildung eines Sonderfonds zum Zwecke der Wiedergutmachung vom 9. Juli 1947 (RegBl. S. 74, Änderung: RegBl. 1949 S. 57), Gesetz Nr. 917 zur Überführung der bei der politischen Befreiung tätigen Personen in andere Beschäftigungen vom 10. März 1948 (RegBl. S. 50, Änderung: RegBl. 1949 S. 54), Gesetz Nr. 925 über die Anwendung des Gesetzes zur Befreiung von Nationalsozialismus und Militarismus (Befreiungsgesetz) auf Heimkehrer vom 9. April 1948 (RegBl. S. 59)

Artikel 67. Das Gesetz tritt am 5. März 1946 in Kraft.

Stuttgart, den 5. März 1946

Das Staatsministerium:

Dr. Reinhold Maier Dr. Heinr. Köhler

Josef Beyerle Fritz Ulrich

Theodor Heuß Dr. Cahn-Garnier

R. Kohl Otto Steinmayer

Anlage

zum Gesetz zur Befreiung von Nationalsozialismus und Militarismus

Diese Anlage beruht auf den Richtlinien Nr. 24 des Kontrollrats; die für die deutschen Regierungen und das deutsche Volk verbindlich sind. Die Anlage bildet einen Bestandteil dieses Gesetzes.

Teil A (Klasse I und Klasse II)

Klasse I umfaßt die Personen, die auf Grund widerlegbarer Vermutung in die Gruppe der Hauptschuldigen einzureihen sind.

Klasse II umfaßt die Personen, die auf Grund widerlegbarer Vermutung in die Gruppe der Belasteten einzureihen sind.

Die Vermutung, daß eine der in Teil A der Liste aufgeführten Personen in Klasse I oder II einzureihen ist, kann durch Gegenbeweise im Verfahren der Kammern entkräftet werden. Die Begriffsbestimmungen „Beamte", „Personen", „Angehörige" umfassen nicht das technische Büropersonal wie Stenotypistinnen, Botengänger, Registraturbeamte, Kraftfahrer, Hausangestellte. Der Begriff „Beamte" beschränkt sich nicht auf den Beamten im Sinne des Reichsbeamtengesetzes; er schließt auch die Angestellten ein.

Teil A.

A. Deutscher Geheimdienst einschließlich Abwehrämter (milit. Amt)

Klasse I.

I. Alle leitenden Beamten des Reichssicherheitshauptamtes (RSHA), deren Organisationen und Dienststellen, die dem RSHA direkt unterstellt waren.

2. Alle Beamten der Geheimen Feldpolizei (GFP) bis herunter und einschließlich dem Rang des Feldpolizeidirektors.

3. Alle leitenden Beamten des Forschungsamtes des Reichsluftfahrtministeriums.

Klasse II

I. Alle nicht unter Klasse I fallenden Offiziere und sonstiges Personal des RSHA, seiner Organisationen und der Dienststellen, die dem RSHA direkt unterstellt waren.

2. Alle Beamten der Geheimen Feldpolizei, die nicht unter Klasse I fallen.

3. Alle Personen, die seit 30. Januar 1933 im Ausland beim Deutschen Geheimdienst einschließlich Abwehr oder irgend einer Organisation oder Niederlassung, welche von diesem abhängig oder unterstellt war, tätig waren.

B. Die Sicherheitspolizei (Sipo)

Klasse I

1. Alle Angehörigen der Geheimen Staatspolizei (Gestapo).

2. Leitende Beamte der Grenzpolizei Kommissariate (Greko).

3. Alle Leiter der Kriminalpolizei Leitstellen und Stellen.

Klasse II

1. Alle Personen, welche Angehörige der Grenzpolizei seit I. Juni 1937 waren, soweit sie nicht unter Klasse I fallen.

2. Alle Beamten der Kriminalpolizei bis herunter und einschließlich dem Rang des Kriminalkommissärs, soweit sie nicht unter Klasse I fallen.

3. Alle leitenden Beamten der Briefprüfungsstellen, soweit sie nicht unter Klasse I fallen.

C. Die Ordnungspolizei (Orpo)

Klasse I

Alle Beamten nachstehender Zweige des Polizeiwesens seit 1935 bis herunter und einschließlich des Ranges eines Obersts oder dergl.:

a) Schutzpolizei (Schupo)

b) Gendarmerie (Gend)

c) Wasserschutzpolizei (WS)

d) Luftschutzpolizei (LSchupo)

e) Technische Nothilfe (Teno)

Klasse II

1. Alle Polizeioffiziere (Schutzpolizei, Gendarmerie, Wasserschutzpolizei, Luftschutzpolizei, Technische Nothilfe, Feuerschutzpolizei, Verwaltungspolizei, Kolonialpolizei, Sonderpolizei, Hilfspolizei), die zum Offizier nach dem 30. 1. 1933 ernannt worden sind, oder ohne Rücksicht auf den Zeitpunkt der Ernennung nach dem 31. 12. 1937 trotz der wiederholten sogenannten Reinigungsaktionen im Amt verblieben sind.

2. Alle Offiziere, die zu irgend einer Zeit in einem der früher von Deutschland besetzten Gebiete Dienst geleistet haben bei einer Einsatzgruppe, im Einsatzkommando der Sipo oder dem SD.

3. Alle Angehörigen der Verwaltungspolizei, die der Gestapo und dem SD zugeteilt waren.

D. Die NSDAP

Klasse I

1. Alle Amtsträger der NSDAP bis herunter und einschließlich des Postens eines Amtsleiters bei der Kreisleitung.

2. Alle Mitglieder des Korps der Politischen Leiter der Partei bis herunter und einschließlich dem Rang eines politischen Einsatzleiters.

Alle Mitglieder der Ausbildungsstäbe der Ordensburgen, Schulungsburgen, Adolf-Hitler-Schulen und Nationalpolitischen Erziehungsanstalten.

3. Alle Mitglieder (bis zum 30. Januar 1933) der Reichstagsfraktion der NSDAP.

4. Die nachstehenden Amtsträger des Reichsnährstandes:

   a) Alle Landesbauernführer und ihre Stellvertreter

   b) Alle Leiter der Hauptvereinigungen und Wirtschaftsverbände

   c) Alle Kreisbauernführer

   d) Alle Leiter der Landesforstämter.

5. Beamte der Gauwirtschaftskammer, die mit der parteipolitischen Ausrichtung beauftragt waren.

6. Gauwirtschaftsberater.

Klasse II

1. Alle bezahlten und ehrenamtlichen Amtsträger und Beamte der NSDAP bis herunter zur untersten Stufe, der Parteiämter (Hauptämter und Äm-

ter) sowie der Anstalten und Akademien, die auf der NSDAP gegründet wurden.

2. Alle Mitglieder des Korps der Politischen Leiter, die nicht unter Klasse I fallen.

3. Alle Mitglieder der Reichstagsfraktion der NSDAP, die nicht unter Klasse I fallen.

4. Alle Mitglieder der NSDAP vor dem 1. Mai 1937.

5. Alle Mitglieder der NSDAP, die nach vierjähriger Dienstzeit in der Hitlerjugend und nach Erreichung des 18. Lebensjahres in die Partei aufgenommen wurden.

6. Alle Mitglieder der NSDAP ohne Rücksicht auf den Zeitpunkt des Eintritts, sofern sie einer der nachstehenden Organisationen angehören:

a) Reichspressekammer

b) Reichsrundfunkkammer

c) Deutsche Akademie München

d) Deutsche Christenbewegung

e) Deutsche Glaubensbewegung

f) Institut zur Erforschung der Judenfrage

g) Kameradschaft USA

h) Osteuropäisches Institut (seit 1935)

i) Staatsakademie für Rassen- und Gesundheitspflege.

7. Alle aktiven Wehrmachtsoffiziere, die Mitglieder der NSDAP wurden und solche Offiziere, die vor Eintritt in die Wehrmacht Mitglieder der NSDAP waren und nachher ihre Verbindung mit der NSDAP nicht abgebrochen haben.

8. Alle leitenden Beamten des Reichsnährstandes, einschließlich der Leiter seiner Regierungsforstämter.

E. Die NSDAP-Gliederungen

Klasse I

1. Die Waffen-SS - Alle Offiziere bis herunter und einschließlich dem Sturmbannführer (Major). Alle Mitglieder der Totenkopfverbände.

Alle SS-Helferinnen und SS-Kriegshelferinnen in Konzentrationslagern.

2. Allgemeine SS - Alle Offiziere abwärts bis und einschließlich Untersturmführer.

3. SA - Alle Führer abwärts bis und einschließlich Sturmbannführer.

4. HJ - Alle Führer abwärts bis und einschließlich Bannführer.

Alle entsprechenden Führerinnen im BdM. Alle Mitglieder des der SS unterstellten Schnellkommandos (HJ-Streifendienst), die vor dem 1. 1. 1919 geboren sind.

5. NSKK - Alle Führer abwärts bis und einschließlich Standartenführer.

6. NSFK -Alle Führer abwärts bis und einschließlich Standartenführer.

7. NS-Deutscher Studentenbund - Alle leitenden Amtsträger der Reichsstudentenführung und der Gaustudentenführungen. ,

8. NS-Dozentenbund - Alle leitenden Amtsträger in der Reichs- und Gauinstanz.

9. NS-Frauenschaft - Alle leitenden Amtsträger in der Reichs- und Gauinstanz.

Klasse II

1. Waffen-SS - Alle Angehörigen, die nicht unter Klasse I fallen, mit Ausnahme derjenigen, die zu dieser Organisation eingezogen wurden, es sei denn, daß sie nach ihrer Einziehung zum Unteroffizier befördert wurden.

Das Personal der Konzentrationslager, soweit es nicht unter Klasse I fällt.

2. Allgemeine SS und ihre sonstigen Gliederungen - Alle Angehörigen, die nicht unter Klasse I fallen, einschließlich fördernder Mitglieder, die nach dem 31. Dezember 1938 als solche beigetreten sind oder bei früherem Eintritt mehr als 10A£ monatlichen Beitrag bezahlt oder sonst eine erhebliche Zuwendung an die SS gemacht haben.

3. SA - Alle Führer bis herunter zum Rang eines Unteroffiziers einschließlich, soweit sie als solche in der SA Dienst gemacht haben und nicht unter Klasse I aufgeführt sind, sowie Mitglieder, die der SA vor dem 1. April 1933 beitraten.

4. HJ und BdM - Alle nicht unter Klasse I aufgeführten Führer abwärts bis zum bestätigten hauptamtlichen Unteroffizier.

Alle Führer der H J und des deutschen Jungvolks auf dem Gebiet der Erziehung und des Nachrichtendienstes.

Alle Mitglieder des der SS unterstellten Schnellkommandos (HJ-Streifendienst), soweit sie nach dem 1. 1. 1919 geboren sind.

5. NSKK - Alle Führer bis zum Sturmführer, soweit sie nicht unter Klasse I fallen.

6. NSFK - Alle Führer bis zum Sturmführer, soweit sie nicht unter Klasse I fallen.

7. NS-Deutscher Studentenbund - Alle Amtsträger, soweit sie nicht unter Klasse I fallen.

8. NS-Dozentenbund - Alle Amtsträger, soweit sie nicht unter Klasse I fallen.

9. NS-Frauenschaft - Alle Amtsträger bis zur Block-Frauenschaftsleiterin einschließlich, soweit sie nicht unter Klasse I fallen.

F. Der NSDAP angeschlossene Verbände

Klasse I

1. Deutsche Arbeitsfront

a) Alle leitenden Beamten der DAF im Zentralbüro der DAF.

b) Alle leitenden Beamten der DAF in den Kriegshauptarbeitsgebieten I, II, III und IV.

c) Alle Mitglieder des obersten Ehren- und Disziplinarhofs.

d) Alle leitenden Beamten der DAF-Gauwaltung - Auslands-Organisa tion.

2. NS-Volkswohlfahrt - Alle leitenden Amtsträger abwärts bis und, einschließlich des Abteilungsleiters in der Reichsinstanz.

3. NS-Kriegsopferversorgung- Alle Amtsträger abwärts bis und einschließlich des Abteilungsleiters in der Reichsinstanz.

4. NS-Bund Deutscher Technik - Alle Amtsträger abwärts bis und einschließlich des Abteilungsleiters in der Reichsinstanz.

5. Reichsbund der Deutschen Beamten - Alle Amtsträger abwärts bis und einschließlich des Abteilungsleiters in der Reichs- und Gauinstanz.

6. NS-Deutscher Ärztebund - Alle Amtsträger abwärts bis und einschließlich des Abteilungsleiters in der Reichs- und Gauinstanz.

7. NS-Lehrerbund - Alle Amtsträger abwärts bis und einschließlich Abteilungsleiter in der Reichs- und Gauinstanz.

8. NS-Rechtswahrerbund - Alle Amtsträger abwärts bis und einschließlich Abteilungsleiter in der Reichs- und Gauinstanz.

Klasse II

1. Deutsche Arbeitsfront einschließlich Gemeinschaft „Kraft durch Freude“

a) Alle Amtsträger, die nicht unter Klasse I fallen.

b) Alle leitenden Amtsträger des Arbeitswissenschaftlichen Instituts.

c) Alle Betriebsobmänner, Betriebswarte und Betriebswalter in Betrieben der DAF.

2. NS-Volkswohlfahrt - Alle Amtsträger, die nicht unter Klasse I fallen.

3. NS-Kriegsopferversorgung- Alle Amtsträger, die nicht unter Klasse I fallen.

4. NS-Bund Deutscher Technik -Alle Amtsträger, die nicht unter Klasse I fallen.

5. Reichsbund der Deutschen Beamten - Alle Amtsträger, die nicht unter Klasse I fallen.

6. NS-Deutscher Ärztebund -Alle Amtsträger, die nicht unter Klasse I fallen.

7. Reichsbund Deutscher Schwestern, NS-Schwestern (Braune Schwestern) - Alle Amtsträger.

8. NS-Lehrerbund - Alle Amtsträger, die nicht unter Klasse I fallen.

9. NS-Rechtswahrerbund -Alle Amtsträger, die nicht unter Klasse 1 fallen.

G. Von der NSDAP betreute Organisationen

Klasse I

1. NS-.Altherrenbund - Alle Mitglieder des Führerkreises bis zur Gaustufe.

2. Reichsbund Deutscher Familie - Alle leitenden Amtsträger in der Reichsinstanz.

3. Deutscher Gemeindetag - Leitende Amtsträger. 4. NS-Reichsbund für Leibesübungen - Reichssportführer und alle Sportbereichsführer.

Klasse II

1. NS-Altherrenbund - Alle Amtsträger, die nicht unter Klasse I fallen.

2. Reichsbund Deutscher Familie - Alle Amtsträger, die nicht unter Klasse I fallen.

3. Deutscher Gemeindetag - Alle Amtsträger, die nicht unter Klasse I fallen.

4. NS-Reichsbund für Leibesübungen -Alle Amtsträger, die nicht unter Klasse I fallen.

5. Alle Amtsträger der folgenden Organisationen:

a) Deutsches Frauenwerk

b) Deutsche Studentenschaft

c) Deutscher Dozentenbund

d) Reichsdozentenschaft

e) Deutsche Jägerschaft.

H. Andere Nazi-Organisationen

Klasse I

1. Reichsarbeitsdienst (RAD) - Alle Offiziere herunter bis zum Rang eines Oberstarbeitsführers bei Männern und einer Stabsoberführerin bei den Frauen je einschließlich.

2. Reichskolonialbund - Alle leitenden Beamten des kolonial-politischen Amtes in der Reichsleitung der NSDAP.

3. Volksbund für das Deutschtum im Ausland (VDA) - Alle Beamten in Reichs- und Gauämtern seit 1935 innerhalb Deutschlands, und alle Volksgruppen- und Landesgruppenführer außerhalb Deutschlands.

4. NS-Reichskriegerbund (Kyffhäuserbund) -Alle Beamten herunter bis zum Gaukriegerführer einschließlich.

5. Reichskulturkammern - Alle Präsidenten, Vizepräsidenten und Geschäftsführer.

Alle Mitglieder des Reichskulturrats, des Reichskultursenats und Präsidialräte.

6. Deutscher Fichtebund -Alle leitenden Beamten. 7. Reichssicherheitsdienst -Alle Beamten herunter bis zur Stellung eines Dienststellenleiters einschließlich.

Klasse II

1. Reichsarbeitsdienst - Alle Offiziere herunter bis zum Feldmeister bei den Männern und Maidenführerin bei den Frauen je einschließlich; mit Ausnahme derer, die unter Klasse I fallen.

2. Reichskolonialbund - Alle Amtsträger, die nach dem 1. 1. 1935 Amtsträger wurden, soweit sie nicht unter Klasse I fallen.

3. Volksbund für das. Deutschtum im Ausland - Alle Amtsträger, die nach dem 1. 1. 1935 Be amte wurden, soweit sie nicht unter Klasse I fallen.

4. NS-Reichskriegerbund (Kyffhäuserbund) -Alle leitenden Beamten bis herunter zur Kreisstufe einschließlich.

5. Reichskulturkammern usw. und Hilfs- und Zweigstellen (Reichsschrifttumskammer, Reichspressekammer, Reichsrundfunkkammer) - Alle Amtsträger, soweit sie nicht unter Klasse I fallen.

6. Deutscher Fichtebund - Alle Mitglieder, soweit sie nicht unter Klasse I fallen.

7. Reichssicherheitsdienst = Alle Mitglieder, die nicht unter Klasse I fallen.

8. Alle Amtsträger folgender Institute:

a) Institut zur Erforschung der Judenfrage

b) Weltdienst

c) Deutsche Akademie München

d) Staatsakademie für Rassen- und Gesundheitspflege

e) Amerika-Institut

f) Osteuropäisches Institut

g) Ibero-Amerikanisches Institut

h) Deutsches Ausland-Institut.

I. Die Naziparteiorden

Klasse I

1. NS-Blutorden (vom 9. November 1923) - Alle Inhaber.

2. Ehrenzeichen für Mitglieder unter Nummer 100 000 (Goldenes Parteiabzeichen) - Alle Inhaber.

3. NDSAP - Dienstauszeichnungen (NaziparteiDienstauszeichuungen) - Alle Inhaber der Klasse I (25 Jahre Dienst).

Klasse II

1. Coburger Abzeichen - Alle Inhaber.

2. Nürnberger Parteitagsabzeichen von 1929 - Alle Inhaber.

3. Abzeichen von SA-Treffen Braunschweig von 1931 - Alle Inhaber:

4. Goldenes HJ-Abzeichen (Goldenes Hitlerjugend. Abzeichen) - Alle Inhaber.

5. NSDAP-Dienstauszeichnungen - Alle Inhaber, soweit sie nicht unter Klasse I fallen.

6. Gau-Ehrenzeichen der NSDAP. Die Traditionsgau-Abzeichen - Alle Inhaber.

K. Regierungsbeamte

Bemerkung: Die angegebene Klassifizierung bezieht sich nur auf diejenigen Personen, die in eine der in der Liste aufgeführten Stellung nach dem 30. Januar 1933 ernannt worden sind, oder die Inhaber solcher Stellungen zu diesem Zeitpunkt waren und die trotz der wiederholten sogenannten Säuberungsaktionen im Amt geblieben sind.

Klasse I

1. Alle politischen Beamten einschließlich Reichsminister, Staatsminister, Staatssekretäre, Reichsstatthalter und Oberpräsidenten und Beamte, Leiter, Beauftragte oder Kommissare in einem entsprechenden Rang.

2. Alle früheren deutschen Botschafter und Gesandte seit 30. Januar 1933.

3. Alle Beamten herunter bis zum Rang eines Ministerialdirektors in Reichsbehörden oder einem gleich hohen Rang in Regierungsbehörden, die vor dem 30. Januar 1933 bestanden haben; alle Beamten herunter bis zum Rang eines Ministerialrats in Reichs- oder Regierungsbehörden, die nach dem 30. Januar 1933 zur Erfüllung neuer Aufgaben geschaffen wurden je einschließlich und ebenso in solchen, die in Ländern und Gebieten eingerichtet wurden, die früher von Deutschland besetzt oder beherrscht waren.

4. Alle Beamten, welche seit 1934 eine der folgenden Stellungen innehatten:

a) Reichsbevollmächtigter, Sonderbevollmächtigter

b) Reichskommissar

c) Generalkommissar

d) Generalinspekteur

e) Beauftragter, ebenso Wehrkreisbeauftragter

f) Reichstreuhänder der Arbeit, Sondertreuhänder der Arbeit

g) Generalreferenten.

Klasse II

1. Alle Beamten des Auswärtigen Dienstes (Botschaften, Gesandtschaften, Generalkonsulate, Konsulate und Missionen) im Rang eines Ministerialrats oder in der Stellung eines Attachés.

2. Alle Beamten des höheren Dienstes, die nach dem 1. April 1933 außerplanmäßig und außer der Reihe und ohne die sachliche Eignung zu besitzen, in den höheren Dienst befördert würden.

3. Alle Beamten, welche folgende Stellungen seit 1934 innehatten:

a) Bevollmächtigter,

b) Inspekteur,

c) Treuhänder der Arbeit und auf sonstigen Gebieten und ihre Beauftragten,

d) Kommissar,

e) Stellvertreter der Inhaber von Titeln und Stellungen, wie sie unter Klasse I fallen,

f) Reichseinsatzingenieure, Arbeitseinsatzingenieure,

g) Obmann einschließlich Rüstungsobmann.

4. Alle Mitglieder des Deutschen Reichstages oder des Preußischen Staatsrats seit 1. Januar 1934.

5. Alle Beamten des Reichsministeriums für öffentliche Aufklärung und Propaganda und Leiter seiner Bezirksämter und Nebenämter herunter bis zum Kreis einschließlich, einschließlich aller Angestellter von Nazidienststellen, die sich mit der politischen Ausrichtung in Wort und Schrift befaßt haben.

6. Die Beamten des höheren Dienstes im Reichsministerium für Rüstung und Kriegsproduktion, Kirchenministerium, die Gauwohnungskommissare und ihre Stellvertreter.

7. Oberfinanzpräsidenten

8. Regierungspräsidenten, Landräte und Bürgermeister.

L. Die deutschen bewaffneten Streitkräfte und Militaristen

Klasse I

1. NS-Führungsoffiziere - Alle hauptamtlichen NS-Führungsoffiziere bis und einschließlich Division im OKW, OKH, OKM, OKL.

2. Generalstabsoffiziere - Alle Offiziere des Deutschen Generalstabs, die seit 4. Februar 1938 zum Wehrmachtsführungsstab, zum OKW, OKH, OKM oder OKL gehörten.

3. Leiter und stellvertretende Leiter von Militär- und Zivilverwaltungen in Ländern und Gebieten, die früher von Deutschland besetzt waren. 4: Alle früheren Offiziere des Freikorps „Schwarze Reichswehr".

Klasse II

1. NS-Führungsoffiziere - Alle bestätigten Offiziere, gleichgültig, ob sie Berufs- oder Reserve-Offiziere waren, die nicht unter Klasse I fallen.

2. Generalstabsoffiziere - Alle Offiziere, die ab 4. 2.1938 dem Generalstab angehörten und nicht unter Klasse I fallen.

3. Alle Militär- sowie Zivilbeamte mit besonderen Befugnissen einschließlich Führer und stellvertretende Führer bei irgend einer Sach- oder Betriebsabteilung der Militär- oder Zivilverwaltung von besetzten Ländern oder Gebieten, sowie Beamte des RuK außer denen, die unter, Klasse I fallen.

4. Alle Beamten der Rohstoffhandelsgesellschaft.

5. Militärkommandanten und ihre Stellvertreter in Städten und Gemeinden.

6. Die Wehrmacht - Alle Berufsoffiziere der Deutschen Wehrmacht einschließlich dem Rang eines Generalmajors oder eines entsprechenden Rangs, wenn sie diesen Rang nach dem 1.6.1936 erreichten, ebenso berufsmäßige Wehrmachtsbeamte bis herunter zum Rang eines Obersten.

7. Organisation Todt (OT), „Transportgruppe Speer" - Alle Offiziere bis herunter und einschließlich dem Rang eines Einsatzleiters.

8. Alle Angehörigen der Ausbildungsstäbe und leitende Beamte der Kriegsakademien und Kadettenanstalten.

9. Alle Professoren, Redner und Schriftsteller auf dem Gebiet der Militärwissenschaft seit 1933.

10. Alle Angehörigen der Schwarzen Reichswehr und alle Angehörigen des Freikorps, soweit sie Mitglied der NSDAP geworden sind und nicht unter Klasse I fallen.

M. Wirtschaft und freie Berufe

Klasse I

1. Wehrwirtschaftsführer - Alle Wehrwirtschaftsführer, die seit dem 1. Januar 1942 ernannt wurden.

2. Wirtschaftskammern - Alle Leiter und stellvertretenden Leiter von Reichs- und Gauwirtschaftskammern.

3. Reichsgruppen der Gewerblichen Wirtschaft - Alle Vorsitzenden, Präsidenten und stellvertretenden Leiter.

4. Reichsverkehrsgruppen - Alle : Vorsitzenden, Präsidenten und stellvertretenden Leiter.

5. Wirtschaftsgruppen - Alle Vorsitzenden, Präsidenten und stellvertretenden Leiter in der Reichsstufe.

6. Reichsvereinigungen - Alle Vorsitzenden, Präsidenten und stellvertretenden Leiter.

7. Werberat der Deutschen Wirtschaft - Alle Präsidenten und Geschäftsführer.

8. Reichskommissare, die für die Rohstoff- und Industrieversorgung zuständig waren.

Klasse II

1. Wehrwirtschaftsführer - Alle nicht unter Klasse I fallenden Wehrwirtschaftsführer, die vom Wirtschaftsministerium bestellt wurden.

2. Wirtschaftskammer - Alle leitenden Beamten von Wirtschaftskammern, soweit sie nicht unter Klasse I fallen.

3. Reichsgruppen der Gewerblichen Wirtschaft - Alle leitenden Beamten der Gruppen, Hauptausschüsse, Sonderausschüsse, Hauptringe und Sonderringe.

4. Reichsverkehrsgruppen - Alle leitenden Beamten der Verkehrsgruppen.

5. Wirtschaftsgruppen - Alle leitenden Beamten der Wirtschaftsgruppen.

6. Reichsvereinigungen - Alle leitenden Beamtender Reichsvereinigungen einschließlich Abteilungsleitern und Vorsitzenden, Stellvertretern, Geschäftsführern der Hauptausschüsse, Sonderausschüsse, Hauptringe und Sonderringe.

7. Werberat der Deutschen Wirtschaft - Alle leitenden Beamten, die nicht unter Klasse I fallen.

8. Weisunggebende Beamte der Reichsstellen und Bewirtschaftungsstellen.

9. Geschäftsunternehmungen einschließlich Geldinstitute, bei denen das Reich, die NSDAP, ihre Gliederungen oder angeschlossenen Verbände an der tatsächlichen oder, interessengemeinschaftlichen Betriebsführung beteiligt sind oder zu irgend einer Zeit seit dem 1. April 1933 beteiligt waren - Alle Präsidenten, Mitglieder des Aufsichtsrates oder des Vorstandes und leitende Direktoren und Geschäftsführer.

10. I. Geschäftsunternehmen der freien Wirtschaft in Industrie, Gewerbe, Handel, Handwerk, Land- und Forstwirtschaft, Banken, Versicherungen, Verkehr und dgl. : Unternehmungen, die wegen des investierten Gesellschaftskapitals, der Anzahl der Beschäftigten, der Art der Produktion oder aus einem sonstigen Grunde an sich bedeutend und wichtig sind. Alle Inhaber, Eigentümer und Pächter, Gesellschafter, einschließlich Aktionäre mit einer Beteiligung von mehr als 25%, Vorsitzende des Vorstands oder Aufsichtsrats oder sonstige Personen, die auf die Geschäftsleitung maßgebenden Einfluß haben, soweit diese Personen Mitglieder der NSDAP oder einer ihrer Gliederungen waren oder, ohne Mitglieder zu sein, ihre Stellung ihren Beziehungen zur NSDAP verdanken.

II. Gemeinnützige Unternehmungen und Wohlfahrtseinrichtungen: Unternehmungen, die wegen ihres Umfangs oder ihrer Tätigkeit bedeutend oder wichtig sind:

Alle Leiter, Geschäftsführer, Vorsitzende des Vorstands und Aufsichtsrats, Beiräte und sonstige Personen, die auf die Geschäftsleitung einen maßgebenden Einfluß haben oder eine beaufsichtigende Tätigkeit ausüben; soweit diese Personen Mitglieder der NSDAP oder einer ihrer Gliederungen waren oder, ohne Mitglieder zu sein, ihre Stellung ihren Beziehungen zur NSDAP verdanken.

III. Freie Berufe (Ärzte, Anwälte, Apotheker, Architekten, Ingenieure, Künstler, Schriftsteller, Journalisten, und dgl.):

a) Alle Leiter, Vorstandsmitglieder, Geschäftsführer, leitenden Angestellten und Vorstandsmitglieder der Standesvertretungen einschließlich der Ehrengerichte, ferner alle vor den Parteigerichten, SA- oder SS-Gerichten zugelassenen Rechtsbeistände.

b) Andere Angehörige der freien Berufe, die auf Grund ihrer Mitgliedschaft zur NSDAP oder einer ihrer Gliederungen besondere Vorteile hatten.

N. Juristen

Klasse I

I. Präsident und Vizepräsident der Akademie für Deutsches Recht.

2. Kommandanten und alle hauptamtlichen Leiter des Gemeinschaftslagers Hanns Kerrl.

3. Alle Richter, der Oberreichsanwalt und alle Staatsanwälte sowie der Bürodirektor des Volksgerichtshofes.

4. Alle Richter, Staatsanwälte und Beamte der Partei-, SS- und SA-Gerichte.

5. Präsident und Vizepräsident des Reichsjustizprüfungsamts.

6. Präsidenten

a) des Reichsgerichts

b) des Reichsarbeitsgerichts

c) des Reichserbhofgerichts

d) des Reichserbgesundheitsgerichts

e) des Reichsfinanzhofs

f) des Reichsverwaltungsgerichts

g) des Reichsehrengerichtshofs

h) der Reichsrechtsanwaltskammer

i) der Reichsnotarkammer

k) der Reichspatentanwaltskammer

l) der Reichskammer der Wirtschaftsprüfer.

7. Präsidenten der Oberlandesgerichte, die seit 31. 12. 1938 hierzu ernannt wurden.

8. Oberreichsanwälte, Reichsanwälte und Generalstaatsanwälte bei den Oberlandesgerichten, soweit sie nach dem 31. 3. 1933 ernannt wurden.

9. Vizepräsidenten

a) des Reichsarbeitsgerichts

b) des Reichserbhofsgerichts

c) des Reichserbgesundheitsgerichts

d) des Reichsverwaltungsgerichts.

10. Vorsitzender

a) des Sondersenats beim Reichsgericht

b) Personalreferenten des Reichsjustizministeriums.

Klasse II

1. Direktoren und der Schatzmeister der Akademie für Deutsches Recht.

2. Vorsitzende, sonstige ständige Richter und die ständigen Leiter der Anklagebehörden der Sondergerichte.

3. Vorsitzende, Richter und Staatsanwälte der Standgerichte.

4. Präsidenten und Vizepräsidenten

a) des Reichspatentamts

b) des Reichsversicherungsamts und Reichsversorgungsgerichts

c) des Landeserbhofsgerichts in Celle.

5. Vizepräsidenten des Reichsgerichts und Senatspräsidenten beim Reichsgericht, die seit 31. 12. 1938 hierzu ernannt wurden, ferner die ständigen Mitglieder des obersten Dienststraf senats beim Reichsgericht.

6. Vizepräsidenten

a) des Reichserbgesundheitsgerichts

b) des Reichsfinanzhofs

c) der Reichsrechtsanwaltskammer

d) der Reichsnotarkammer

e) der Reichspatentanwaltskammer

f) der Reichskammer für Wirtschaftsprüfer ferner alle ständigen Mitglieder der obersten Ehrengerichtshöfe für Rechtsanwälte, Patentanwälte, Notare und Wirtschaftsprüfer.

7. Präsidenten, der Oberlandesgerichte und Generalstaatsanwälte, soweit sie nicht unter Klasse I fallen, sowie die Vizepräsidenten der Oberlandesgerichte.

8. Präsidenten der Dienststrafkammern für richterliche Beamte.

9. Präsidenten der Landgerichte.

10. Oberstaatsanwälte bei den Landgerichten.

11. Personalreferenten der Gerichte.

12. Hauptamtliche Leiter und ständige Mitglieder der Prüfungsstellen des Reichsjustizprüfungsamts.

13. Präsidenten der Rechtsanwaltskammer, Notarkammer und Patentanwaltskammern in den Oberlandesgerichtsbezirken.

14. Präsidenten und Vizepräsidenten

a) des obersten Fideikommißgerichts,

b) des Schiffahrtsobergerichts,

c) des Oberprisenhofs.

15. Präsidenten und Vizepräsidenten sowie die ständigen Mitglieder der Ehrengerichte und freien Berufe in der Reichs- und Gauinstanz.

O. Sonstige Personengruppen

Klasse I

1. Kriegsverbrecher.

2. Alle Personen, die Gegner des Nationalsozialismus denunziert oder sonst zu ihrer Verhaftung beigetragen haben oder die Gewalt gegen politische oder religiöse Gegner der nationalsozialistischen Gewaltherrschaft veranlaßt oder begangen haben.

3. Führer von betrieblichen Stoßtrupps und Werkscharen.

4. Rektoren von Universitäten und Vorsitzende von Kuratorien, Leiter von Lehrerausbildungsschulen und Leiter von Institutionen im Universitätsrang seit 1934, wenn sie Mitglied der NSDAP oder einer ihrer Gliederungen, waren und ab 1938 ohne Rücksicht darauf.

Klasse II

1. Unterführer von betrieblichen Stroßtrupps oder Werkscharen.

2. Personen, die das Amt eines Vertrauenslehrers, Jugendlehrers oder Jugendwalters in irgend einer Schule innehatten.

3. Rektoren von Universitäten und Vorstände von Kuratorien, Leiter von Lehrerausbildungsschulen und Leiter von Institutionen im Universitätsrang seit 1934, soweit sie nicht unter Klasse I fallen.

4. Alle sonstigen Personen, die die nationalsozialistische oder faschistische Weltanschauung verbreitet haben.

5. Personen, die nach dem 1. April 1933 die deutsche Staatsangehörigkeit nachgesucht, angenommen oder anders als durch Eingliederungsgesetze, Heirat oder Annahme an Kindesstatt erhalten haben.

6. Nicht-Deutsche, die Mitglieder oder Anwärter der NSDAP oder einer ihrer Gliederungen waren. 7. Personen, die außerhalb des Landes wegen politischer Belastung entlassen oder von der Beschäftigung ausgeschlossen worden sind.

Teil B

Gruppe derjenigen Personen, die mit besonderer Sorgfalt zu prüfen sind

Diese Gruppe umfaßt die nachstehenden Personen, soweit sie nicht unter Teil A fallen:

1. Anwärter der SS oder ihrer Gliederungen.

2. Mitglieder der SA nach dem 1. April 1933.

3. Mitglieder der HJ oder des BDM vor dem 25. März 1939.

4. Unteroffiziere des RAD mit dem Rang unter dem Feldmeister oder der Maidenführerin.

5. Mitglieder der NSDAP nach dem 1. Mai 1937 sowie alle Anwärter der NSDAP.

6. Personen, die als Beamte im Erziehungswesen oder in der Presse nach dem 1. Mai 1933 aussergewöhnlich schnell befördert wurden.

7. Personen, die Nutzen gezogen haben aus der Annahme oder Übertragung von Vermögen, das durch Ausbeutung der ehemals besetzten Gebiete, Arisierung oder Konfiszierung aus politischen, religiösen oder rassischen Bewegungen angefallen ist.

8. Personen, die in der Militär- oder Zivilverwaltung der ehemals besetzten Gebiete beschäftigt waren, soweit sie über die Grundsätze der Verwaltung bestimmt haben oder sonst in leitender Stellung waren.

9. Personen, die wesentliche Zuwendungen an die Partei gemacht haben.

10. Mitglieder von politischen Parteien oder Organisationen in Deutschland, die zur Machtergreifung durch die NSDAP beigetragen haben, z. B. Tannenbergbund, Altdeutscher Verband.

11. Leitende Angestellte beim Deutschen Roten Kreuz, insbesondere solche, die nach dem 1. Januar 1933 bestellt wurden.

12. Mitglieder der Deutschen Christenbewegung und der Deutschen Glaubensbewegung.

13. Mitglieder des NSKK, des NSFK, des NSDStB, des NSDOB, der NSF.

14. Inhaber des Spanienkreuzes, der österreichischen, sudetendeutschen und Memel-Erinnerungsmedaille, des Danziger Kreuzes, des SA, des Wehrsportabzeichens, der Verdienstauszeichnung des RAD.

15. Erziehungsberechtigte, die ausdrücklich die Genehmigung zur Ausbildung ihrer Kinder in nationalpolitischen Erziehungsanstalten; Adolf-Hitler-Schulen und Ordensburgen erteilt haben.

16. Personen, die finanzielle Sondervorteile von der NSDAP erhalten haben.

17. Personen, die infolge nationalsozialistischen Einflusses sich dem Militärdienst oder Frontdienst entzogen haben.

18. Angestellte bedeutender industrieller Handels-, landwirtschaftlicher oder finanzieller Betriebe mit dem Titel Generaldirektor, Direktor, Präsident, Vizepräsident, Geschäftsführer, Betriebsleiter, ferner alle Mitglieder des Vorstands, der Vorsitzende, der stellvertretende Vorsitzende des Aufsichtsrats, ferner Chefingenieure, Oberingenieure, soweit sie die technische Richtung des Betriebes bestimmen.

Alle Personen mit der Befugnis zur Einstellung oder Entlassung des Personals.

Quelle: Bayerisches Gesetz- u. Verordnungsblatt, Nr. 10 vom 01.07.1946 und http://www.verfassungen.de/bw/wuerttemberg-baden/befreiungsgesetz46.htm, abgerufen am 04.03.2019.

Gesetz zu dem Abkommen zwischen den Parteien des Nordatlantikvertrags vom 19. Juni 1951 über die Rechtsstellung ihrer Truppen und zu den Zusatz-vereinbarungen vom 3. August 1959 zu diesem Abkommen

(Gesetz zum NATO-Truppenstatut und zu den Zusatzvereinbarungen)

NATOTrStatVtrG

Ausfertigungsdatum: 18.08.1961 zuletzt geändert durch Art. 227 der Verordnung vom 31.8.2015 I 1474

Das G gilt nicht in Berlin (West) gem. § 3 Nr. 5 G v. 25.9.1990 I 2106 u. nicht in dem in Artikel 3 des Einigungsvertrages genannten Gebiet gem. Artikel 11 und Anl. I Kap. I Abschn. I Nr. 5 EinigVtr v. 31.8.1990 iVm Art. 1 G v. 23.9.1990 II 885, 908; Art. 3, 4b, 4c u. 5 treten in den Ländern Berlin, Brandenburg, Mecklenburg-Vorpommern, Sachsen, Sachsen-Anhalt u. Thüringen gem. Art. 6 idF d. Art. 3 G v. 28.9.1994 II 2594 iVm Bek. v. 30.6.1998 II 1691 mWv 29.3.1998 in Kraft.

Teil I

Beitritt und Zustimmung

Artikel 1

(1) Dem Beitritt der Bundesrepublik Deutschland zu dem Abkommen zwischen den Parteien des Nordatlantikvertrags von London vom 19. Juni 1951 über die Rechtsstellung ihrer Truppen (NATO-Truppenstatut) wird zugestimmt.

(2) Folgenden, in Bonn am 3. August 1959 von der Bundesrepublik Deutschland unterzeichneten Zusatzvereinbarungen zum NATO-Truppenstatut (Zusatzvereinbarungen) wird ebenfalls zugestimmt:

A

Zusatzabkommen zwischen dem Königreich Belgien, der Bundesrepublik Deutschland, der Französischen Republik, Kanada, dem Königreich der Niederlande, dem Vereinigten Königreich Großbritannien und Nordirland und den Vereinigten Staaten von Amerika zu dem Abkommen zwischen den Parteien des Nordatlantikvertrags über die Rechtsstellung ihrer Truppen hinsichtlich der in der Bundesrepublik Deutschland stationierten ausländischen Truppen (Zusatzabkommen) nebst Unterzeichnungsprotokoll,

B.

Abkommen zwischen der Bundesrepublik Deutschland, den Vereinigten Staaten von Amerika, dem Vereinigten Königreich Großbritannien und Nordirland und der Französischen Republik über das Außerkrafttreten des Truppenvertrags, des Finanzvertrags und des Steuerabkommens,

C.

Abkommen zwischen dem Königreich Belgien, der Bundesrepublik Deutschland, der Französischen Republik, Kanada, dem Königreich der Niederlande, dem Vereinigten Königreich Großbritannien und Nordirland und den Vereinigten Staaten von Amerika zu Artikel 45 Abs. 5 des Zusatzabkommens zu dem Abkommen zwischen den Parteien des Nordatlantikvertrags über die Rechtsstellung ihrer Truppen hinsichtlich der in der Bundesrepublik Deutschland stationierten ausländischen Truppen,

D.

Abkommen zwischen der Bundesrepublik Deutschland, Kanada und dem Vereinigten Königreich Großbritannien und Nordirland über die Durchführung von Manövern und anderen Übungen im Raum Soltau-Lüneburg,

E.

Abkommen zwischen der Bundesrepublik Deutschland und dem Königreich Belgien über die Beilegung von Streitigkeiten bei Direktbeschaffungen,

F.

Abkommen zwischen der Bundesrepublik Deutschland und Kanada über die Beilegung von Streitigkeiten bei Direktbeschaffungen,

G.

Abkommen zwischen der Bundesrepublik Deutschland und der Französischen Republik über die Beilegung von Streitigkeiten bei Direktbeschaffungen,

H.

Abkommen zwischen der Bundesrepublik Deutschland und dem Vereinigten Königreich Großbritannien und Nordirland über die Beilegung von Streitigkeiten bei Direktbeschaffungen,

I.

Abkommen zwischen der Bundesrepublik Deutschland und den Vereinigten Staaten von Amerika über die Beilegung von Streitigkeiten bei Direktbeschaffungen,

K.

Abkommen zwischen der Bundesrepublik Deutschland und den Vereinigten Staaten von Amerika über die Rechtsstellung von Urlaubern.

(3) Das NATO-Truppenstatut, das Zusatzabkommen und die weiteren in Absatz 2 aufgeführten Zusatzvereinbarungen werden nachstehend veröffentlicht.

Fußnote

Artikel 1: Nach Maßgabe der Entscheidungsformel mit dem GG 1104-5 vereinbar, BVerfGE v. 8.10.1996, 1997 I 154 - 1 BvL 15/91 -

Artikel 2

Das Grundrecht der Freiheit der Person (Artikel 2 Abs. 2 Satz 2 des Grundgesetzes) wird nach Maßgabe des Artikels 20 des Zusatzabkommens eingeschränkt.

Teil II

Ausführungsbestimmungen

Kapitel 1

Ausführungsbestimmungen zu Artikel VII Abs 5 und 6 des NATO-Truppenstatuts und zu Artikel 19 und 75 des Zusatzabkommens

Artikel 3

(1) Die Rücknahme des Verzichts auf das den deutschen Behörden nach Artikel VII Abs. 3 Buchstabe b des NATO-Truppenstatuts in den Fällen der konkurrierenden Gerichtsbarkeit zustehende Vorrecht (Artikel 19 Abs. 3 des Zusatzabkommens) und die Zustimmung zur Abgabe einzelner Strafsachen an die deutschen Gerichte oder Behörden (Artikel 19 Abs. 5 Buchstabe a des Zusatzabkommens) wird von der Staatsanwaltschaft erklärt. Diese ist auch zur Abgabe einzelner Strafsachen nach Artikel 19 Abs. 5 Buchstabe b des Zusatzabkommens befugt.

(2) Für die sachliche und örtliche Zuständigkeit gelten die Vorschriften des Gerichtsverfassungs- und Strafprozeßrechts entsprechend.

Artikel 4

Für den Empfang von Mitteilungen über anhängige Fälle im Sinne des Artikels 75 Abs. 1 Buchstabe b des Zusatzabkommens ist jede Staatsanwaltschaft im Geltungsbereich dieses Gesetzes zuständig.

Artikel 4a

Die in Artikel VII Abs. 5 Buchstabe a und Abs. 6 Buchstabe a des NATO-Truppenstatuts geregelte Zusammenarbeit in strafrechtlichen Angelegenheiten ist nach den folgenden besonderen Bestimmungen auszuführen:

§ 1

Soweit die Behörden des Entsendestaates die Gerichtsbarkeit ausüben, sind die Strafverfolgungsbehörden auf deren Ersuchen befugt, zur Erfüllung der sich aus Artikel VII Abs. 5 Buchstabe a und Abs. 6 Buchstabe a des NATO-Truppenstatuts ergebenden Verpflichtungen den Verfolgten vorläufig festzunehmen und bis zur Übergabe an die Militärbehörde des Entsendestaates festzuhalten sowie Beschlagnahme und Durchsuchung durchzuführen und sonstige zur Erfüllung der Verpflichtung erforderlichen Ermittlungshandlungen vorzunehmen. Die Bestimmungen der Strafprozeßordnung gelten entsprechend, soweit nachstehend nicht anderes bestimmt ist.

§ 2

Die auf Grund eines Ersuchens nach Artikel VII Abs. 6 Buchstabe a des NATO-Truppenstatuts erforderliche Beschlagnahme und Durchsuchung werden von dem Amtsgericht angeordnet, in dessen Bezirk die Handlungen vorzunehmen sind. Sind Rechtshilfehandlungen in den Bezirken mehrerer Gerichte vorzunehmen, so richtet sich die Zuständigkeit danach, welches Gericht oder, solange noch kein Gericht befaßt ist, welche Staatsanwaltschaft zuerst mit der Sache befaßt wurde.

§ 3

(1) Ist nach Eingang eines Ersuchens um Festnahme und Übergabe nach Artikel VII Abs. 5 Buchstabe a des NATO-Truppenstatuts der Aufenthaltsort des Verfolgten nicht bekannt, können die Staatsanwaltschaft und ihre Ermittlungspersonen die Ausschreibung zur Aufenthaltsermittlung und zur Festnahme, wenn die vorläufige Festnahme erforderlich ist, veranlassen.

(2) Ist der Aufenthaltsort des Verfolgten bekannt, so ist er vorläufig festzunehmen, wenn aufgrund bestimmter Tatsachen und bei Würdigung der Umstände des Einzelfalles die Gefahr besteht, daß er sich der Übergabe an die Militärbehörde des Entsendestaates entziehen werde.

(3) Ein Festgenommener ist unverzüglich, spätestens am Tage nach seiner Festnahme, dem Richter des nächsten Amtsgerichts vorzuführen.

(4) Der Richter vernimmt den Verfolgten unverzüglich nach der Vorführung, spätestens am nächsten Tag, über seine persönlichen Verhältnisse, insbesondere über seine Staatsangehörigkeit. Er teilt ihm die Gründe der Festnahme mit und weist ihn darauf hin, daß er sich in jeder Lage des Verfahrens eines Beistandes bedienen kann. Sodann befragt er ihn, ob und gegebenenfalls aus welchen Gründen er Einwendungen gegen seine vorläufige Festnahme und die Übergabe an die Militärbehörden des Entsendestaates erheben will.

(5) Hält der Richter die Voraussetzungen für die vorläufige Festnahme für gegeben und das Ersuchen um Übergabe für gerechtfertigt, ordnet er

durch Beschluß an, daß der Verfolgte unverzüglich an die zuständige Militärbehörde des Entsendestaates, der um die Festnahme und Übergabe ersucht hat, zu übergeben ist. Anderenfalls ist der Verfolgte freizulassen.

(6) Gegen den die Übergabe anordnenden Beschluß des Richters ist die sofortige Beschwerde zulässig. Bis zur Entscheidung des Beschwerdegerichts darf die Übergabe nicht vollzogen werden.

(7) Die für das Gericht örtlich zuständige Staatsanwaltschaft bei dem Landgericht bereitet die Entscheidung über die Übergabe vor und führt die vom Gericht angeordnete Übergabe durch.

§ 4

Die Grundrechte der körperlichen Unversehrtheit (Artikel 2 Abs. 2 Satz 1 des Grundgesetzes), der Freiheit der Person (Artikel 2 Abs. 2 Satz 2 des Grundgesetzes) und der Unverletzlichkeit der Wohnung (Artikel 13 des Grundgesetzes) werden nach Maßgabe der §§ 1 bis 3 eingeschränkt.

Kapitel 1a

Ausführungsbestimmungen zu Artikel 3 des Zusatzabkommens

Artikel 4b

Unbeschränkte Auskünfte aus dem Zentralregister gemäß § 41 des Bundeszentralregistergesetzes können den Behörden der Entsendestaaten mit Zustimmung der Betroffenen erteilt werden für Sicherheitsüberprüfungen von Personen, die

1.

mit einer sicherheitsempfindlichen Tätigkeit betraut sind oder betraut werden sollen, bei der sie Zugang zu Verschlußsachen haben oder sich verschaffen können, die in der höchsten Geheimhaltungsstufe eingestuft sind oder

2.

an sicherheitsempfindlichen Stellen von verteidigungswichtigen Einrichtungen beschäftigt sind oder beschäftigt werden sollen.

Kapitel 2

Ausführungsbestimmungen zu Artikel 32 und 35 des Zusatzabkommens

Artikel 4c

(1) Bei Zustellungen an Angehörige von Mitgliedern einer Truppe oder eines zivilen Gefolges müssen in der in Artikel 32 Abs. 2 des Zusatzabkommens vorgesehenen schriftlichen Anzeige bezeichnet werden

1. das Prozessgericht, die Parteien und der Gegenstand des Prozesses,

2. ein in dem zuzustellenden Schriftstück enthaltener Antrag,

3. die Formel einer zuzustellenden Entscheidung,

4. bei der Zustellung einer Ladung deren Zweck und die Zeit, zu welcher der Geladene erscheinen soll,

5. bei der Zustellung einer Aufforderung nach § 276 Abs. 1 Satz 1, Abs. 2 der Zivilprozessordnung der Inhalt der Aufforderung und die vorgeschriebene Belehrung.

Ist erkennbar, daß überwiegende schutzwürdige Interessen des Angehörigen der Übermittlung dieser Angaben entgegenstehen oder der Angehörige einer Unterstützung durch die Militärbehörden nicht bedarf, wird die Verbindungsstelle lediglich über die Tatsache der Zustellung unter Benennung des Zustellungsadressaten und des Gerichts oder der Behörde unterrichtet, welche die Zustellung veranlaßt hat.

(2) Die Unterrichtung der Verbindungsstelle durch ein deutsches Gericht oder eine deutsche Behörde nach Artikel 32 Abs. 3 des Zusatzabkommens setzt voraus, daß der Zustellungsadressat und alle anderen Verfahrensbeteiligten zuvor schriftlich oder in der mündlichen Verhandlung über das ihnen zustehende Widerspruchsrecht belehrt worden sind und ihnen eine Frist von mindestens zwei Wochen zur Ausübung dieses Rechts eingeräumt worden ist. Belehrung und Fristsetzung sind bereits vor Erlaß eines Urteils zulässig. Die Verbindungsstelle wird durch Übersendung einer Abschrift des Urteils oder der Rechtsmittelschrift unterrichtet. Hat ein Verfahrensbeteiligter sich nur mit einer eingeschränkten Information der Verbindungsstelle einverstanden erklärt oder stehen überwiegende Interessen einer Person oder öffentliche Belange der Übersendung einer Abschrift entgegen, beschränkt sich die Unterrichtung auf die in Absatz 1 Satz 1 genannten Angaben.

Artikel 5

(1) Bei der Zwangsvollstreckung aus einem privatrechtlichen Vollstrekkungstitel kann das Ersuchen in den Fällen des Artikels 35 des Zusatzabkommens nur von dem Vollstreckungsgericht ausgehen; Vollstreckungsgericht ist das Amtsgericht, bei dem der Schuldner seinen allgemeinen Gerichtsstand hat, und sonst das Amtsgericht, in dessen Bezirk die zu ersuchende Stelle sich befindet. Zugleich mit dem Ersuchen hat das Gericht an den Schuldner das Gebot zu erlassen, sich jeder Verfügung über die Forderung, insbesondere ihrer Einziehung, zu enthalten.

(2) In den Fällen des Artikels 35 Buchstabe a des Zusatzabkommens ist das Ersuchen der deutschen Behörde von Amts wegen zuzustellen. Mit der Zustellung ist die Forderung gepfändet und dem Pfändungsgläubiger überwiesen. Die Vorschriften der Zivilprozeßordnung über die Zwangs-

vollstreckung in Geldforderungen gelten im übrigen entsprechend. § 845 der Zivilprozeßordnung ist nicht anzuwenden.

(3) Bei der Zwangsvollstreckung wegen öffentlich-rechtlicher Geldforderungen geht das Ersuchen in den Fällen des Artikels 35 des Zusatzabkommens von der zuständigen Vollstreckungsbehörde aus. Auf das weitere Verfahren finden in den Fällen des Artikels 35 Buchstabe a des Zusatzabkommens die Vorschriften des in Betracht kommenden Verwaltungszwangsverfahrens über die Pfändung und Einziehung von Forderungen entsprechend Anwendung.

Kapitel 3

Ausführungsbestimmungen zu Art 41 des Zusatzabkommens

Artikel 6

(1) Ansprüche der in Artikel VIII Abs. 5 des NATO-Truppenstatuts genannten Art gegen die Entsendestaaten sind zur Vermeidung des Ausschlusses bei der zuständigen deutschen Behörde innerhalb einer Frist von drei Monaten von dem Zeitpunkt an geltend zu machen, in dem der Geschädigte von dem Schaden und von Umständen Kenntnis erlangt hat, aus denen sich ergibt, daß eine Truppe oder ein ziviles Gefolge für den Schaden rechtlich verantwortlich ist oder daß ein Mitglied oder ein Bediensteter einer Truppe oder eines zivilen Gefolges den Schaden verursacht hat.

(2) Die Frist gilt auch dann als gewahrt, wenn der Anspruch innerhalb der Frist bei einer Dienststelle der Truppe oder des zivilen Gefolges geltend gemacht worden ist, die allgemein für die Behandlung von Entschädigungsansprüchen zuständig ist oder der an dem Schadensfall beteiligte Mitglieder oder Bedienstete der Truppe oder des zivilen Gefolges unterstehen.

(3) Auf die Frist sind die Vorschriften der Zivilprozeßordnung über Notfristen entsprechend anzuwenden.

(4) Nach Ablauf von zwei Jahren seit dem Zeitpunkt des schädigenden Ereignisses kann der Anspruch nicht mehr geltend gemacht werden. War der Schaden vor Ablauf dieser Frist nicht erkennbar, so beginnt der Lauf der Frist mit dem Zeitpunkt, in dem der Geschädigte bei Anwendung der im Verkehr erforderlichen Sorgfalt von dem Schaden hätte Kenntnis erhalten können; § 852 Abs. 1 Halbsatz 2 des Bürgerlichen Gesetzbuchs bleibt unberührt.

Artikel 7

Bei Schadensfällen der in Artikel 41 Abs. 10 des Zusatzabkommens genannten Art gilt der Anspruch auf Entschädigung als mit der Freigabe der Sache entstanden. Der Lauf der in Artikel 6 Abs. 1 genannten Frist beginnt in diesen Fällen mit dem Zeitpunkt, in dem der Geschädigte von der

Freigabe Kenntnis erlangt. Der Lauf der in Artikel 6 Abs. 4 Satz 1 genannten Frist beginnt mit der Freigabe der Sache; Artikel 6 Abs. 4 Satz 2 ist entsprechend anzuwenden.

Artikel 8

Zuständig ist die Verteidigungslastenverwaltung. Sie wird in bundeseigener Verwaltung mit eigenem Verwaltungsunterbau oder in einer Anstalt des öffentlichen Rechts geführt. Die Einzelheiten bestimmt das Bundesministerium der Finanzen. Die zuständigen Behörden und ihr jeweiliger Zuständigkeitsbereich werden im Bundesanzeiger veröffentlicht.

Artikel 9

(1) Die Ansprüche sind durch Einreichung eines Antrags auf Entschädigung geltend zu machen.

(2) Der Antrag ist schriftlich oder zur Niederschrift bei der zuständigen Behörde zu stellen. Er hat die geltend gemachten Ansprüche dem Grunde und, soweit möglich, der Höhe nach zu bezeichnen. Er soll ferner alle für die Bearbeitung wesentlichen Angaben enthalten und auf die Beweismittel, soweit sie nicht beigefügt sind, Bezug nehmen.

(3) Ist dem Antragsteller bekannt, daß andere Personen einen Anspruch auf die Entschädigung geltend machen können, so hat er dies in seinem Antrag anzugeben.

Artikel 10

(1) Die Behörde hat den Eingang des Antrags unter Angabe des Eingangstags schriftlich zu bestätigen.

(2) Ist ein Verfahren nach Artikel 41 Abs. 11 des Zusatzabkommens durchgeführt worden, so hat die Behörde den Antragsteller unverzüglich von dem Ergebnis des Verfahrens schriftlich zu unterrichten und dabei den Tag, an dem das Verfahren abgeschlossen worden oder die Entscheidung des Schiedsrichters ihr zugegangen ist, anzugeben. Einer besonderen Unterrichtung bedarf es nicht, wenn gleichzeitig die Mitteilung über die Entschließung nach Artikel 11 Abs. 1 ergeht.

Artikel 11

(1) Die Behörde hat dem Antragsteller ihre Entschließung darüber mitzuteilen, ob und inwieweit sie einen geltend gemachten Anspruch als begründet anerkennt. Wird der Anspruch nicht oder nicht in vollem Umfang als begründet anerkannt, so sind dem Antragsteller die Gründe mitzuteilen, auf denen die Entschließung der Behörde beruht.

(2) Die Mitteilung über die Entschließung ist mit einem Hinweis auf die Klagemöglichkeit (Artikel 12) zu versehen und dem Antragsteller zuzustellen.

(3) Einer Mitteilung nach Absatz 1 bedarf es nicht, wenn und soweit zwischen der Behörde und dem Antragsteller eine Vereinbarung über die zu gewährende Entschädigung abgeschlossen wird.

Artikel 12

(1) Hat die Behörde einen geltend gemachten Anspruch nicht oder nicht in vollem Umfang anerkannt, so kann der Antragsteller Klage vor den ordentlichen Gerichten gegen die Bundesrepublik Deutschland erheben.

(2) Die Bundesrepublik Deutschland führt den Rechtsstreit im eigenen Namen für den Entsendestaat, gegen den sich der Anspruch richtet.

(3) Die Klage ist innerhalb einer Frist von zwei Monaten nach Zustellung der Mitteilung über die Entschließung der Behörde zu erheben. Auf die Klagefrist sind die Vorschriften der Zivilprozeßordnung über Notfristen entsprechend anzuwenden.

(4) Die Klage ist auch dann zulässig, wenn die zuständige Behörde dem Antragsteller nicht innerhalb einer angemessenen Frist nach Eingang des Antrags, die jedoch nicht weniger als fünf Monate betragen darf, ihre Entschließung mitgeteilt hat. In den Fällen des Artikels 10 Abs. 2 Satz 1 tritt an die Stelle des Zeitpunkts, in dem der Antrag eingegangen ist, der Zeitpunkt, in dem das Verfahren zur Erlangung der Bescheinigung der Truppe abgeschlossen oder die Entscheidung des Schiedsrichters der Behörde zugegangen ist.

(5) Hat die Behörde in den Fällen des Artikels 10 Abs. 2 Satz 1 einen Anspruch nicht anerkannt, weil der Inhalt der von der Truppe erteilten Bescheinigung der Anerkennung entgegenstand, so kann das Gericht, wenn es begründete Bedenken gegen die Richtigkeit des Inhalts der Bescheinigung hat und eine Entscheidung des Schiedsrichters nach Artikel VIII Abs. 8 des NATO-Truppenstatuts in Verbindung mit Artikel 41 Abs. 11 des Zusatzabkommens nicht vorliegt, die Behörde unter Darlegung seiner Bedenken ersuchen, die Entscheidung des Schiedsrichters herbeizuführen.

Artikel 13

(1) Hat die Behörde einen geltend gemachten Anspruch in vollem Umfang oder zum Teil anerkannt, so sind die danach zahlbaren und fälligen Beträge unverzüglich nach der Zustellung der Mitteilung über das Anerkenntnis (Artikel 11 Abs. 1) auszuzahlen.

(2) Hat die Behörde mit dem Antragsteller eine Vereinbarung über die Entschädigung getroffen, so ist der vereinbarte Betrag nach Maßgabe der Vereinbarung unverzüglich nach deren Wirksamwerden auszuzahlen.

(3) Vorauszahlungen auf die Entschädigung können in angemessenem Umfang gewährt werden, wenn der Anspruch dem Grunde nach gerechtfertigt ist.

Artikel 14

Für Anträge, die einen Anspruch auf Ersatzleistung wegen Manöverschäden (§ 76 des Bundesleistungsgesetzes) zum Gegenstand haben, gelten die Vorschriften dieses Kapitels mit folgender Maßgabe:

1. Das Bundesministerium der Finanzen wird ermächtigt, durch Verwaltungsvorschrift mit Zustimmung des Bundesrates zu bestimmen, daß die Anträge allgemein oder für bestimmte Gruppen von Manöverschäden auch bei der örtlich zuständigen Gemeindeverwaltung gestellt werden können.

2. Die Ersatzleistung soll tunlichst im Wege der Vereinbarung geregelt werden. Die nach Artikel 8 zuständige Behörde hat auf den Abschluß einer Vereinbarung mit den Berechtigten hinzuwirken.

3. Kommt innerhalb einer Frist von einem Monat nach Eingang des Antrags eine Vereinbarung zustande, so bedarf es einer Bestätigung nach Artikel 10 Abs. 1 nicht.

4. Kommt eine Vereinbarung nicht zustande, so bestimmt sich das weitere Verfahren nach § 79 Abs. 2 und 3 Satz 3 des Bundesleistungsgesetzes in der durch Artikel 15 geänderten Fassung. Die nach Artikel 8 zuständige Behörde hat den Antrag der Behörde vorzulegen, die nach § 79 Abs. 2 des Bundesleistungsgesetzes die Ersatzleistung festzusetzen hat. Der Antragsteller kann verlangen, daß der Antrag dieser Behörde vorgelegt wird, wenn seit Eingang des Antrags drei Monate vergangen sind, ohne daß eine Vereinbarung zustande gekommen ist. Die Artikel 11 bis 13 sind nicht anwendbar.

Artikel 15

-

Kapitel 4

Ausführungsbestimmungen zu Art 45 des Zusatzabkommens

Artikel 16 u. 17

-

Kapitel 5

Ausführungsbestimmungen zu Art 48 Abs. 2 des Zusatzabkommens

Artikel 18

Für Liegenschaften, die nach Artikel 48 Abs. 2 des Zusatzabkommens einer Truppe oder einem zivilen Gefolge weiter zu überlassen sind, gelten die Artikel 19 bis 21.

Artikel 19

Soweit nicht § 64 Abs. 3 Satz 1 des Landbeschaffungsgesetzes in der Fassung des Artikels 1 Nr. 4 des Gesetzes zur Änderung von Vorschriften auf dem Gebiet der Landbeschaffung (Viertes Änderungsgesetz LBG) vom 29. November 1966 (Bundesgesetzbl. I S. 653) Anwendung findet, gilt die fortdauernde Inanspruchnahme bis zum 31. Dezember 1968 als vorzeitige Besitzeinweisung im Sinne des § 38 des Landbeschaffungsgesetzes. Kann in einem Einzelfall bis zu diesem Zeitpunkt die Enteignung nicht durchgeführt werden und besteht der Bedarf für Verteidigungszwecke, insbesondere wegen der Verpflichtungen des Bundes aus Artikel 48 des Zusatzabkommens zum NATO-Truppenstatut fort, so hat die Enteignungsbehörde auf schriftlichen Antrag der zuständigen Behörde, der zwei Monate vorher eingegangen sein soll, die Besitzeinweisung durch Beschluß in dem notwendigen Umfang aufrechtzuerhalten. Ergeht ein solcher Beschluß, so kann der Eigentümer die unverzügliche Durchführung der Enteignung beantragen. Über diesen Antrag ist binnen sechs Monaten zu entscheiden. Die Besitzeinweisung steht dem Angebot der Besitzübertragung im Sinne des § 50 des Landbeschaffungsgesetzes hinsichtlich der sofortigen Fälligkeit der Anerkenntnisbeträge gleich. Die Besitzeinweisung ist aufzuheben, wenn der Bedarf für Verteidigungszwecke fortfällt. § 64 Abs. 3 Satz 2 und 3 und Abs. 4 des Landbeschaffungsgesetzes gelten entsprechend.

Artikel 20

Die Beschaffung nicht Wohnzwecken dienender Liegenschaften, die nach § 85 Abs. 1 des Bundesleistungsgesetzes angefordert wurden, regelt sich nach den Vorschriften des Landbeschaffungsgesetzes. Artikel 19 findet Anwendung.

Artikel 21

Das Enteignungsverfahren wird von den Ländern im Auftrag des Bundes durchgeführt.

Kapitel 5a

Ausführungsbestimmungen und Übergangsregelungen zu Artikel 49, 53 und 53A des Zusatzabkommens

Artikel 21a

Auf Vorhaben der Entsendestaaten finden § 37 des Baugesetzbuches und § 29a Abs. 2 des Abfallgesetzes Anwendung.

Artikel 21b

(1) Anlagen und Einrichtungen, die am Tage des Inkrafttretens des Abkommens zur Änderung des Zusatzabkommens zum NATO-Truppenstatut auf den einer Truppe oder einem zivilen Gefolge zur ausschließlichen Benutzung überlassenen Liegenschaften errichtet sind, dürfen auch nach diesem Zeitpunkt ohne die nach deutschem Recht erforderlichen Genehmigungen, Erlaubnisse, Zulassungen oder Anzeigen im bisherigen Umfang nach Maßgabe bestehender Festlegung oder tatsächlicher Übung weiterbetrieben werden. Satz 1 gilt entsprechend für Gewässerbenutzungen, Einleitungen in Abwasseranlagen und sonstige zulassungs- oder anzeigepflichtige Maßnahmen, insbesondere für den Umgang mit wassergefährdenden oder radioaktiven Stoffen.

(2) Unbeschadet des Rechts zum Weiterbetrieb oder auf Fortführung sind Anlagen, Einrichtungen und Maßnahmen nach Absatz 1 innerhalb von zwölf Monaten nach Inkrafttreten des Abkommens zur Änderung des Zusatzabkommens zum NATO-Truppenstatut den für den Gesetzesvollzug jeweils zuständigen Behörden anzuzeigen. Der Anzeige sind Angaben und Unterlagen über die Lage, die Beschaffenheit und den Betrieb der Anlage im Zeitpunkt des Inkrafttretens des in Satz 1 bezeichneten Abkommens beizufügen. Die Behörden, an die die Anzeige zu richten ist, können, soweit dies die Erfüllung der Aufgaben erfordert, ergänzende Angaben und Unterlagen nach Maßgabe der Vorschriften für das in Betracht kommende Genehmigungs-, Erlaubnis-, Zulassungs- oder Anzeigeverfahren nachfordern.

(3) Die für genehmigte oder angezeigte Anlagen, Einrichtungen und Maßnahmen geltenden Vorschriften, einschließlich der Vorschriften über nachträglichen Entscheidungen und die Genehmigungspflicht bei wesentlicher Änderung, finden entsprechende Anwendung.

(4) Eine Anlage zur Ablagerung von Abfällen darf nach Absatz 1 längstens noch zwei Jahre fortgeführt werden. Wird vor Ablauf dieser Frist die Zulassung des Weiterbetriebs der Anlage beantragt, so kann dies für die Zeit bis zum Abschluß des Zulassungsverfahrens gestattet werden.

(5) Wird in den Weiterbetrieb einer Anlage oder Einrichtung oder in die Fortführung einer Maßnahme durch eine nachträgliche Entscheidung nach Absatz 3 eingegriffen oder wird der Weiterbetrieb einer Anlage für die Ablagerung von Abfällen nach Absatz 4 nicht gestattet, sind die deutschen Behörden verpflichtet, die Behörden der Truppe zu konsultieren, um den Bedürfnissen der Truppe in einer Weise zu genügen, die mit den Erfordernissen des deutschen Rechts vereinbar ist.

(6) Die in Absatz 4 des Unterzeichnungsprotokolls zu Artikel 56 Abs. 1 des Zusatzabkommens zum NATO-Truppenstatut enthaltene Übergangsregelung für den Arbeitsschutz bleibt unberührt.

Art 21c

(1) Die in Artikel 53A des Zusatzabkommens zum NATO-Truppenstatut vorgesehene Verfahrens- und Prozeßstandschaft deutscher Bundesbehörden läßt die Stellung des Entsendestaates als materiell-rechtlich Berechtigter oder Verpflichteter unberührt. Die Verfahrens- und Prozeßstandschaft begründet insoweit keine eigenen Rechte oder Pflichten der deutschen Bundesbehörde.

(2) Die zuständige Bundesbehörde unterrichtet die Behörden der Truppe unverzüglich über rechtsverbindliche Entscheidungen, die diese zu befolgen haben. Hiervon gibt sie den Verfahrensbeteiligten Kenntnis.

Kapitel 6

Ausführungsbestimmungen zu Art 57 Abs. 4 Buchstabe b des Zusatzabkommens

Artikel 22

(1) Kommt eine Vereinbarung über die Einbeziehung einer Straße in das gemäß Artikel 57 Abs. 4 Buchstabe b des Zusatzabkommens zu vereinbarende Straßennetz mit den örtlich zuständigen Behörden nicht zustande, so kann die zuständige oberste Landesbehörde die Zustimmung der örtlich zuständigen Behörden ersetzen. Hierbei sind die für die öffentliche Sicherheit und Ordnung, den Schutz und die Unterhaltung der Straße erforderlichen Bedingungen festzulegen.

(2) Der Entscheidung über die Zustimmung hat eine Verhandlung mit den Beteiligten vorauszugehen.

Artikel 23

Ist eine Straße, deren Baulastträger nicht der Bund ist, in das gemäß Artikel 57 Abs. 4 Buchstabe b des Zusatzabkommens zu vereinbarende Straßennetz einbezogen worden und ist wegen des Verkehrs mit Kraftfahrzeugen und Kraftfahrzeuganhängern, deren Abmessungen, Achslast, Gesamtgewicht oder Anzahl (Kolonnenverkehr) die nach dem deutschen Straßenverkehrsrecht geltenden Begrenzungen überschreiten, ein Ausbau oder ein erhöhter Aufwand für die Unterhaltung der Straße erforderlich, so erstattet der Bund dem Träger der Straßenbaulast die hierdurch entstehenden notwendigen Mehrkosten, sofern das Bundesministerium für Verkehr, Bau und Stadtentwicklung oder die von ihm bestimmten Stellen der Einbeziehung zugestimmt haben. Dabei ist die Ersparnis von Aufwendungen zu berücksichtigen.

Artikel 23

Ist eine Straße, deren Baulastträger nicht der Bund ist, in das gemäß Artikel 57 Abs. 4 Buchstabe b des Zusatzabkommens zu vereinbarende Straßennetz einbezogen worden und ist wegen des Verkehrs mit Kraftfahrzeugen und Kraftfahrzeuganhängern, deren Abmessungen, Achslast, Gesamtgewicht oder Anzahl (Kolonnenverkehr) die nach dem deutschen Straßenverkehrsrecht geltenden Begrenzungen überschreiten, ein Ausbau oder ein erhöhter Aufwand für die Unterhaltung der Straße erforderlich, so erstattet der Bund dem Träger der Straßenbaulast die hierdurch entstehenden notwendigen Mehrkosten, sofern das Bundesministerium für Verkehr und digitale Infrastruktur oder die von ihm bestimmten Stellen der Einbeziehung zugestimmt haben. Dabei ist die Ersparnis von Aufwendungen zu berücksichtigen.

Kapitel 7

Ausführungsbestimmungen zu dem Abkommen vom 3. August 1959 zwischen der Bundesrepublik Deutschland, Kanada und dem Vereinigten Königreich Großbritannien und Nordirland über die Durchführung von Manövern und anderen Übungen im Raume Soltau-Lüneburg

Artikel 24

-

Kapitel 8

Prozeßstandschaft

Artikel 25

Ergeht in einem gerichtlichen Verfahren, in dem die Klage oder der Antrag nach dem Zusatzabkommen in Verbindung mit dem NATO-Truppenstatut und der zur Ergänzung des Zusatzabkommens geschlossenen zweiseitigen Abkommen über die Beilegung von Streitigkeiten bei Direktbeschaffungen sowie des Artikels 12 dieses Gesetzes gegen die Bundesrepublik Deutschland an Stelle eines Entsendestaats zu richten oder die Bundesrepublik Deutschland an Stelle eines Entsendestaats sonstwie beteiligt ist, eine Entscheidung über eine Leistung, so ist auszusprechen, daß die Bundesrepublik für den Entsendestaat zu leisten hat, dem die Leistung obliegt.

Teil III

Inkrafttreten

Artikel 26

(1) Dieses Gesetz tritt mit Ausnahme der Artikel 3 bis 25 am Tage nach seiner Verkündung in Kraft. Die Artikel 3 bis 25 treten gleichzeitig mit dem NATO-Truppenstatut und den Zusatzvereinbarungen in Kraft.

(2) Die Beitrittsurkunde zu dem NATO-Truppenstatut und die Ratifikationsurkunden zu den in Artikel 1 Abs. 2 aufgeführten Zusatzvereinbarungen sollen erst hinterlegt werden, wenn die anderen Unterzeichnerstaaten die Zusatzvereinbarungen ratifiziert oder genehmigt haben.

(3) Der Tag, an dem das NATO-Truppenstatut nach seinem Artikel XVIII Abs. 3, das Zusatzabkommen nebst Unterzeichnungsprotokoll nach seinem Artikel 83 Abs. 2 und die übrigen in Artikel 1 Abs. 2 dieses Gesetzes aufgeführten Zusatzvereinbarungen für die Bundesrepublik Deutschland in Kraft treten, ist im Bundesgesetzblatt bekanntzugeben.

Quellen: Bundesgesetzblatt, Teil II, Nr. 45, 3. September 1961, Seite 1183ff, Bundesgesetzblatt, Teil I, Nr. 35, 7. September 2015, Seite 1507.

Vertrag über den Aufenthalt ausländischer Streitkräfte in der Bundesrepublik Deutschland

23. Oktober 1954

Im Hinblick auf die gegenwärtige internationale Lage und auf die Notwendigkeit, die Verteidigung der freien Welt sicherzustellen, die weiterhin die Anwesenheit ausländischer Streitkräfte in der Bundesrepublik Deutschland erfordern, sind die Bundesrepublik Deutschland, die Vereinigten Staaten von Amerika, das Vereinigte Königreich von Großbritannien und Nordirland und die Französische Republik wie folgt übereingekommen:

Artikel 1

(1) Vom Zeitpunkt des Inkrafttretens der Abmachungen über den deutschen Verteidigungsbeitrag an dürfen Streitkräfte der gleichen Nationalität und Effektivstärke wie zur Zeit des Inkrafttretens dieser Abmachungen in der Bundesrepublik stationiert werden.

(2) Die Effektivstärke der gemäß Absatz (1) dieses Artikels in der Bundesrepublik stationierten Streitkräfte darf mit Zustimmung der Regierung der Bundesrepublik Deutschland jederzeit erhöht werden.

(3) Zusätzliche Streitkräfte der Partnerstaaten dieses Vertrags dürfen mit Zustimmung der Regierung der Bundesrepublik Deutschland und in Übereinstimmung mit den für die dem Obersten Alliierten Befehlshaber in Europa zugeteilten Streitkräfte geltenden Verfahren das Bundesgebiet für Übungszwecke betreten und dort für diese Zwecke bis zur Höchstdauer von jeweils dreißig Tagen verbleiben.

(4) Auf der gleichen Grundlage, nach der dies zwischen anderen Parteien des Nordatlantikpaktes üblich ist oder mit Wirkung für alle Mitgliedstaaten im Rat der Nordatlantikpakt-Organisation vereinbart wird, gewährt die Bundesrepublik den amerikanischen, britischen und französischen Streitkräften das Recht, das Bundesgebiet auf dem Wege nach oder von Österreich (solange diese dort weiter stationiert sind) oder irgendeinem Mitgliedstaat der Nordatlantikpakt-Organisation zu betreten, es zu durchqueren und zu verlassen.

Artikel 2

Dieser Vertrag steht jedem Staat zum Beitritt offen, welcher nicht zu den Unterzeichnerstaaten gehört und welcher im Zeitpunkt der Unterzeichnung des Protokolls über die Beendigung des Besatzungsregimes in der Bundesrepublik Deutschland am 23. Oktober 1954 in Paris Streitkräfte im Bundesgebiet stationiert hatte.

Ein solcher Staat, der diesem Vertrag beizutreten wünscht, kann bei der Bundesrepublik eine Beitrittsurkunde hinterlegen.

Artikel 3

(1) Dieser Vertrag tritt außer Kraft mit dem Abschluß einer friedensvertraglichen Regelung mit Deutschland oder wenn die Unterzeichnerstaaten zu einem früheren Zeitpunkt übereinkommen, daß die Entwicklung der internationalen Lage neue Abmachungen rechtfertigt.

(2) Die Unterzeichnerstaaten werden die Bestimmungen dieses Vertrags zur gleichen Zeit und gemäß den gleichen Bedingungen, wie sie in Artikel 10 des Vertrags über die Beziehungen zwischen der Bundesrepublik Deutschland und den Drei Mächten vorgesehen sind, überprüfen.

Artikel 4

(1) Dieser Vertrag bedarf der Ratifizierung oder Genehmigung der Unterzeichnerstaaten; Ratifikations- oder Genehmigungsurkunden werden von diesen bei der Regierung der Bundesrepublik Deutschland hinterlegt, die den einzelnen Unterzeichnerstaaten von der erfolgten Hinterlegung jeder Ratifikations- oder Genehmigungsurkunde Mitteilung macht. Der Vertrag tritt in Kraft, sobald alle Unterzeichnerstaaten diese Hinterlegung vorgenommen haben und die Beitrittsurkunde der Bundesrepublik Deutschland zum Nordatlantikpakt bei der Regierung der Vereinigten Staaten von Amerika hinterlegt worden ist.

(2) Der Vertrag tritt ferner in diesem Zeitpunkt für jeden beitretenden Staat in Kraft, der vorher gemäß Artikel 2 dieses Vertrags eine Beitrittsurkunde hinterlegt hat, und für jeden anderen beitretenden Staat in dem Zeitpunkt, in dem er eine solche Urkunde hinterlegt.

(3) Dieser Vertrag wird in den Archiven der Regierung der Bundesrepublik Deutschland hinterlegt; diese stellt jedem Staat, der Partei dieses Vertrags ist, beglaubigte Abschriften davon und von den gemäß Artikel 2 hinterlegten Beitrittsurkunden zur Verfügung und teilt jedem Staat den Zeitpunkt der Hinterlegung jeder Beitrittsurkunde mit.

ZU URKUND DESSEN haben die unterzeichneten, ordnungsgemäß bevollmächtigten Vertreter diesen Vertrag unterschrieben.

Geschehen zu PARIS am dreiundzwanzigsten Tage des Monats Oktober 1954 in drei Fassungen, in deutscher, englischer und französischer Sprache, wobei alle drei Fassungen in gleicher Weise verbindlich sind.

Für die Bundesrepublik Deutschland gezeichnet:

Adenauer

Für die Vereinigten Staaten von Amerika gezeichnet:

John Foster Dulles

Für das Vereinigte Königreich von Großbritannien und Nordirland gezeichnet:

Anthony Eden

Für die Französische Republik gezeichnet:

Pierre Mendès-France

Quelle: Bundesgesetzblatt, Teil II, Nr. 7, 25. März 1955, Seite 213ff

Vertrag über die abschließende Regelung in bezug auf Deutschland ("Zwei-plus-Vier-Vertrag")

vom 12. September 1990

Die Bundesrepublik Deutschland, die Deutsche Demokratische Republik, die Französische Republik, die Union der Sozialistischen Sowjetrepubliken, das Vereinigte Königreich Großbritannien und Nordirland und die Vereinigten Staaten von Amerika -

In dem Bewusstsein, daß ihre Völker seit 1945 miteinander in Frieden leben,

Eingedenk der jüngsten historischen Veränderungen in Europa, die es ermöglichen, die Spaltung des Kontinents zu überwinden,

Unter Berücksichtigung der Rechte und Verantwortlichkeiten der Vier Mächte in bezug auf Berlin und Deutschland als Ganzes und der entsprechenden Vereinbarungen und Beschlüsse der Vier Mächte aus der Kriegs- und Nachkriegszeit,

Entschlossen, in Übereinstimmung mit ihren Verpflichtungen aus der Charta der Vereinten Nationen freundschaftliche, auf der Achtung vor dem Grundsatz der Gleichberechtigung und Selbstbestimmung der Völker beruhende Beziehungen zwischen den Nationen zu entwickeln und andere geeignete Maßnahmen zur Festigung des Weltfriedens zu treffen,

Eingedenk der Prinzipien der in Helsinki unterzeichneten Schlußakte der Konferenz über Sicherheit und Zusammenarbeit in Europa,

In Anerkennung daß diese Prinzipien feste Grundlagen für den Aufbau einer gerechten und dauerhaften Friedensordnung in Europa geschaffen haben,

Entschlossen, die Sicherheitsinteressen eines jeden zu berücksichtigen,

Überzeugt von der Notwendigkeit, Gegensätze endgültig zu überwinden und die Zusammenarbeit in Europa fortzuentwickeln,

In Bekräftigung ihrer Bereitschaft, die Sicherheit zu stärken, insbesondere durch wirksame Maßnahmen zur Rüstungskontrolle, Abrüstung und Vertrauensbildung; ihrer Bereitschaft, sich gegenseitig nicht als Gegner zu betrachten, sondern auf ein Verhältnis des Vertrauens und der Zusammenarbeit hinzuarbeiten, sowie dementsprechend ihrer Bereitschaft, die Schaffung geeigneter institutioneller Vorkehrungen im Rahmen der Konferenz über Sicherheit und Zusammenarbeit in Europa positiv in Betracht zu ziehen,

In Würdigung dessen, daß das deutsche Volk in freier Ausübung des Selbstbestimmungsrechts seinen Willen bekundet hat, die staatliche Einheit Deutschlands herzustellen, um als gleichberechtigtes und souveränes Glied in einem vereinten Europa dem Frieden der Welt zu dienen,

In der Überzeugung, daß die Vereinigung Deutschlands als Staat endgültigen Grenzen ein bedeutsamer Beitrag zu Frieden und Stabilität in Europa ist,

Mit dem Ziel, die abschließende Regelung in bezug auf Deutschland zu vereinbaren,

In Anerkennung dessen, daß dadurch und mit der Vereinigung Deutschlands als einem demokratischen und friedlichen Staat die Rechte und Verantwortlichkeiten der Vier Mächte in bezug auf Berlin und Deutschland als Ganzes ihre Bedeutung verlieren,

Vertreten durch ihre Außenminister, die entsprechend der Erklärung von Ottawa vom 13. Februar 1990 am 5. Mai 1990 in Bonn, am 22. Juni 1990 in Berlin, am 17. Juli 1990 in Paris unter Beteiligung des Außenministers der Republik Polen und am 12. September 1990 in Moskau zusammengetroffen sind - sind wie folgt Übereingekommen:

Artikel 1

(1) Das vereinte Deutschland wird die Gebiete der Bundesrepublik Deutschland, der Deutschen Demokratischen Republik und ganz Berlins umfassen. Seine Außengrenzen werden die Grenzen der Bundesrepublik Deutschland und der Deutschen Demokratischen Republik sein und werden am Tage des Inkrafttretens dieses Vertrags endgültig sein. Die Bestätigung des endgültigen Charakters der Grenzen des vereinten Deutschland ist ein wesentlicher Bestandteil der Friedensordnung in Europa.
(2) Das vereinte Deutschland und die Republik Polen bestätigen die zwischen ihnen bestehende Grenze in einem völkerrechtlich verbindlichen Vertrag.
(3) Das vereinte Deutschland hat keinerlei Gebietsansprüche gegen andere Staaten und wird solche auch nicht in Zukunft erheben.

(4) Die Regierungen der Bundesrepublik Deutschland und der Deutschen Demokratischen Republik werden sicherstellen, daß die Verfassung des vereinten Deutschland keinerlei Bestimmungen enthalten wird, die mit diesen Prinzipien unvereinbar sind. Dies gilt dementsprechend für die Bestimmungen, die in der Präambel und in den Artikeln 23 Satz 2 und 146 des Grundgesetzes für die Bundesrepublik Deutschland niedergelegt sind.
(5) Die Regierungen der Französischen Republik, der Union der Sozialistischen Sowjetrepubliken, des Vereinigten Königreichs Großbritannien und Nordirland und der Vereinigten Staaten von Amerika nehmen die entsprechenden Verpflichtungen und Erklärungen der Regierungen der Bundesrepublik Deutschland und der Deutschen Demokratischen Republik förmlich entgegen und erklären, daß mit deren Verwirklichung der endgültige Charakter der Grenzen des vereinten Deutschland bestätigt wird.

Artikel 2

Die Regierungen der Bundesrepublik Deutschland und der Deutschen Demokratischen Republik bekräftigen ihre Erklärungen, daß von deutschem Boden nur Frieden ausgehen wird. Nach der Verfassung des vereinten Deutschland sind Handlungen, die geeignet sind und in der Absicht vorgenommen werden, das friedliche Zusammenleben der Völker zu stören, insbesondere die Führung eines Angriffskrieges vorzubereiten, verfassungswidrig und strafbar. Die Regierungen der Bundesrepublik Deutschland und der Deutschen Demokratischen Republik erklären, daß das vereinte Deutschland keine seiner Waffen jemals einsetzen wird, es sei denn in Übereinstimmung mit seiner Verfassung und der Charta der Vereinten Nationen.

Artikel 3

(1) Die Regierungen der Bundesrepublik Deutschland und der Deutschen Demokratischen Republik bekräftigen ihren Verzicht auf Herstellung und Besitz von und auf Verfügungsgewalt über atomare, biologische und chemische Waffen. Sie erklären, daß auch das vereinte Deutschland sich an diese Verpflichtungen halten wird. Insbesondere gelten die Rechte und Verpflichtungen aus dem Vertrag über die Nichtverbreitung von Kernwaffen vom 1. Juli 1968 für das vereinte Deutschland fort.
(2) Die Regierung der Bundesrepublik Deutschland hat in vollem Einvernehmen mit der Regierung der Deutschen Demokratischen Republik am 30. August 1990 in Wien bei den Verhandlungen über Konventionelle Streitkräfte in Europa folgende Erklärung abgegeben:

"Die Regierung der Bundesrepublik Deutschland verpflichtet sich, die Streitkräfte des vereinten Deutschland innerhalb von drei bis vier Jahren auf eine Personalstärke von 370000 Mann (Land-, Luft- und Seestreitkräfte) zu reduzieren. Diese Reduzierung soll mit dem Inkrafttreten des ersten KSE-Vertrags beginnen. Im Rahmen dieser Gesamtobergrenze werden nicht mehr als 345000 Mann den Land- und Luftstreitkräften angehören, die gemäß vereinbartem Mandat allein Gegenstand der Verhandlungen über konventionelle Streitkräfte in Europa sind. Die Bundesregierung sieht in ihrer Verpflichtung zur Reduzierung von Land- und Luftstreitkräften einen bedeutsamen deutschen Beitrag zur Reduzierung der konventionellen Streitkräfte in Europa. Sie geht davon aus, daß in Folgeverhandlungen auch die anderen Verhandlungsteilnehmer ihren Beitrag zur Festigung von Sicherheit und Stabilität in Europa, einschließlich Maßnahmen zur Begrenzung der Personalstärken, leisten werden."
Die Regierung der Deutschen Demokratischen Republik hat sich dieser Erklärung ausdrücklich angeschlossen.
(3) Die Regierungen der Französischen Republik, der Union der Sozialistischen Sowjetrepubliken, des Vereinigten Königreichs Großbritannien und Nordirland und der Vereinigten Staaten von Amerika nehmen diese Erklärungen der Regierungen der Bundesrepublik Deutschland und der Deutschen Demokratischen Republik zur Kenntnis.

Artikel 4

(1) Die Regierungen der Bundesrepublik Deutschland, der Deutschen Demokratischen Republik und der Union der Sozialistischen Sowjetrepubliken erklären, daß das vereinte Deutschland und die Union der Sozialistischen Sowjetrepubliken in vertraglicher Form die Bedingungen und die Dauer des Aufenthalts der sowjetischen Streitkräfte auf dem Gebiet der heutigen Deutschen Demokratischen Republik und Berlins sowie die Abwicklung des Abzugs dieser Streitkräfte regeln werden, der bis zum Ende des Jahres 1994 im Zusammenhang mit der Verwirklichung der Verpflichtungen der Regierungen der Bundesrepublik Deutschland und der Deutschen Demokratischen Republik, auf die sich Absatz 2 des Artikels 3 dieses Vertrags bezieht, vollzogen sein wird.
(2) Die Regierungen der Französischen Republik, des Vereinigten Königreichs Großbritannien und Nordirland und der Vereinigten Staaten von Amerika nehmen diese Erklärung zur Kenntnis.

Artikel 5

(1) Bis zum Abschluß des Abzugs der sowjetischen Streitkräfte vom Gebiet der heutigen Deutschen Demokratischen Republik und Berlins in Übereinstimmung mit Artikel 4 dieses Vertrags werden auf diesem Gebiet als Streitkräfte des vereinten Deutschland ausschließlich deutsche

Verbände der Territorialverteidigung stationiert sein, die nicht in die Bündnisstrukturen integriert sind, denen deutsche Streitkräfte auf dem übrigen deutschen Hoheitsgebiet zugeordnet sind. Unbeschadet der Regelung in Absatz 2 dieses Artikels werden während dieses Zeitraums Streitkräfte anderer Staaten auf diesem Gebiet nicht stationiert oder irgendwelche andere militärische Tätigkeiten dort ausüben.
(2) Für die Dauer des Aufenthalts sowjetischer Streitkräfte auf dem Gebiet der heutigen Deutschen Demokratischen Republik und Berlins werden auf deutschen Wunsch Streitkräfte der Französischen Republik, des Vereinigten Königreichs Großbritannien und Nordirland und der Vereinigten Staaten von Amerika auf der Grundlage entsprechender vertraglicher Vereinbarung zwischen der Regierung des vereinten Deutschland und den Regierungen der betreffenden Staaten in Berlin stationiert bleiben. Die Zahl aller nichtdeutschen in Berlin stationierten Streitkräfte und deren Ausrüstungsumfang werden nicht stärker sein als zum Zeitpunkt der Unterzeichnung dieses Vertrags. Neue Waffenkategorien werden von nichtdeutschen Streitkräften dort nicht eingeführt. Die Regierung des vereinten Deutschland wird mit den Regierungen der Staaten, die Streitkräfte in Berlin stationiert haben, Verträge zu gerechten Bedingungen unter Berücksichtigung der zu den betreffenden Staaten bestehenden Beziehungen abschließen.
(3) Nach dem Abschluß des Abzugs der sowjetischen Streitkräfte vom Gebiet der heutigen Deutschen Demokratischen Republik und Berlins können in diesem Teil Deutschlands auch deutsche Streitkräfteverbände stationiert werden, die in gleicher Weise militärischen Bündnisstrukturen zugeordnet sind wie diejenigen auf dem übrigen deutschen Hoheitsgebiet, allerdings ohne Kernwaffenträger. Darunter fallen nicht konventionelle Waffensysteme, die neben konventioneller andere Einsatzfähigkeiten haben können, die jedoch in diesem Teil Deutschlands für eine konventionelle Rolle ausgerüstet und nur dafür vorgesehen sind. Ausländische Streitkräfte und Atomwaffen oder deren Träger werden in diesem Teil Deutschlands weder stationiert noch dorthin verlegt.

Artikel 6

Das Recht des vereinten Deutschland, Bündnissen mit allen sich daraus ergebenden Rechten und Pflichten anzugehören, wird von diesem Vertrag nicht berührt.

Artikel 7

(1) Die Französische Republik, die Union der Sozialistischen Sowjetrepubliken, das Vereinigte Königreich Großbritannien und Nordirland und die Vereinigten Staaten von Amerika beenden hiermit ihre Rechte und

Verantwortlichkeiten in bezug auf Berlin und Deutschland als Ganzes. Als Ergebnis werden die entsprechenden, damit zusammenhängenden vierseitigen Vereinbarungen, Beschlüsse und Praktiken beendet und alle entsprechenden Einrichtungen der Vier Mächte aufgelöst.
(2) Das vereinte Deutschland hat demgemäß volle Souveränität über seine inneren und äußeren Angelegenheiten.

Artikel 8

(1) Dieser Vertrag bedarf der Ratifikation oder Annahme, die so bald wie möglich herbeigeführt werden soll. Die Ratifikation erfolgt auf deutscher Seite durch das vereinte Deutschland. Dieser Vertrag gilt daher für das vereinte Deutschland.
(2) Die Ratifikations- oder Annahmeurkunden werden bei der Regierung des vereinten Deutschland hinterlegt. Diese unterrichtet die Regierungen der anderen Vertragschließenden Seiten von der Hinterlegung jeder Ratifikations- oder Annahmeurkunde.

Artikel 9

Dieser Vertrag tritt für das vereinte Deutschland, die Französische Republik, die Union der Sozialistischen Sowjetrepubliken, das Vereinigte Königreich Großbritannien und Nordirland und die Vereinigten Staaten von Amerika am Tag der Hinterlegung der letzten Ratifikations- oder Annahmeurkunde durch diese Staaten in Kraft.

Artikel 10

Die Urschrift dieses Vertrages, dessen deutscher, englischer, französischer und russischer Wortlaut gleichermaßen verbindlich ist, wird bei der Regierung der Bundesrepublik Deutschland hinterlegt, die den Regierungen der anderen vertragschließenden Seiten beglaubigte Ausfertigungen übermittelt.

Zu Urkund dessen haben die unterzeichneten, hierzu gehörig Bevollmächtigten diesen Vertrag unterschrieben.

Geschehen zu Moskau am 12. September 1990

Für die Bundesrepublik Deutschland
Hans-Dietrich Genscher

Für die Deutsche Demokratische Republik

Lothar de Maizière

Für die Französische Republik
Roland Dumas

Für das Vereinigte Königreich Großbritannien und Nordirland
Douglas Hurd

Für die Union der Sozialistischen Sowjetrepubliken
E. Schewardnadse

Für die Vereinigten Staaten von Amerika
James Baker

Quelle: Bundesgesetzblatt, Teil II, Nr. 38, 13. Oktober 1990, Seite 1317ff

Vereinbarung vom 27. und 28. September 1990 zu dem Vertrag über die Beziehungen zwischen der Bundesrepublik Deutschland und den Drei Mächten (in der geänderten Fassung) sowie zu dem Vertrag zur Regelung aus Krieg und Besatzung entstandener Fragen (in der geänderten Fassung)

Exzellenzen,

ich beehre mich, auf die Gespräche zwischen Vertretern der Regierungen der Bundesrepublik Deutschland, der Französischen Republik, der Vereinigten Staaten von Amerika und des Vereinigten Königreichs Großbritannien und Nordirland Bezug zu nehmen und im Namen der Regierung der Bundesrepublik Deutschland folgendes vorzuschlagen:

1. Der Vertrag vom 26. Mai 1952 über die Beziehungen zwischen der Bundesrepublik Deutschland und den Drei Mächten (in der gemäß Liste I zu dem am 23. Oktober 1954 in Paris unterzeichneten Protokoll über die Beendigung des Besatzungsregimes in der Bundesrepublik Deutschland geänderten Fassung) (»Deutschlandvertrag«) wird mit der Suspendierung der Rechte und Verantwortlichkeiten der Vier Mächte in bezug auf Berlin und auf Deutschland als Ganzes suspendiert und tritt mit dem Inkrafttreten des Vertrags über die abschließende Regelung in bezug auf Deutschland, unterzeichnet in Moskau am 12. September 1990, außer Kraft.

2. Vorbehaltlich der Ziffer 3 wird der Vertrag vom 26. Mai 1952 zur Regelung aus Krieg und Besatzung entstandener Fragen (in der gemäß Liste IV zu dem am 23. Oktober 1954 in Paris unterzeichneten Protokoll über die Beendigung des Besatzungsregimes in der Bundesrepublik Deutschland geänderten Fassung) (»Überleitungsvertrag«) gleichzeitig mit dem Deutschlandvertrag suspendiert und tritt gleichzeitig mit diesem außer Kraft; das gilt auch für die Briefe und die Briefwechsel zum Deutschlandvertrag und zum Überleitungsvertrag.

3. Folgende Bestimmungen des Überleitungsvertrags bleiben jedoch in Kraft:

Erster Teil:

Artikel 1 Absatz 1 Satz 1 bis ». . . Rechtsvorschriften aufzuheben oder zu ändern« sowie Absätze 3, 4 und 5

Artikel 2 Absatz 1

Artikel 3 Absätze 2 und 3

Artikel 5 Absätze 1 und 3

Artikel 7 Absatz 1

Artikel 8

Dritter Teil:

Artikel 3 Absatz 5 Buchstabe a des Anhangs Artikel 6 Absatz 3 des Anhangs

Sechster Teil:

Artikel 3 Absätze 1 und 3

Siebenter Teil:

Artikel 1

Artikel 2

Neunter Teil:

Artikel 1

Zehnter Teil:

Artikel 4

Außerdem bleiben Absatz 7 der Schreiben des Bundeskanzlers an jeden der drei Hohen Kommissare vom 23. Oktober 1954 betreffend Erleichterungen für Botschaften und Konsulate sowie die Bestätigungsschreiben der Hohen Kommissare vom 23. Oktober 1954 in Kraft.

4. a) Die Regierung der Bundesrepublik Deutschland erklärt, daß sie sämtliche angemessenen Maßnahmen ergreifen wird, um sicherzustellen, daß die weiterhin gültigen Bestimmungen des Überleitungsvertrags auf dem Gebiet der gegenwärtigen Deutschen Demokratischen Republik und in Berlin nicht umgangen werden.

b) Zu Artikel 11 des Ersten Teils des Überleitungsvertrags:

Die Regierung der Bundesrepublik Deutschland ist sich des Fortbestehens der I. G. Farbenindustrie A. G. i. L. unter dem ursprünglichen Namen bewußt; sie bemüht sich nach besten Kräften, eine zufriedenstellende Lösung entsprechend den in Artikel 11 des Ersten Teils zum Ausdruck gebrachten Zielen zu erreichen.

c) Zu dem Dritten, Vierten und Fünften Teil des Überleitungsvertrags:

Die Regierung der Bundesrepublik Deutschland bestätigt, daß die Streichung des Dritten, Vierten und Fünften Teils die Fortgeltung der darin festgelegten Grundsätze in bezug auf die innere Rückerstattung, die Entschädigung für Opfer der nationalsozialistischen Verfolgung und die äußeren Restitutionen sowie die Fortgeltung der entsprechenden Bestimmungen des Bundesrückerstattungsgesetzes und des Bundesentschädigungsgesetzes nicht beeinträchtigt. Die den Opfern der NS-Verfolgung und ihren Hinterbliebenen zuerkannten Entschädigungsrenten werden weiterhin nach den geltenden Bestimmungen gewährt.

Die Regierung der Bundesrepublik Deutschland wird dafür Sorge tragen, daß die Zuständigkeit des Obersten Rückerstattungsgerichts bei der Suspendierung des Überleitungsvertrags auf die deutschen Gerichte übergeht.

Die Regierung der Bundesrepublik Deutschland erklärt, daß das Bundesrückerstattungsgesetz und das Bundesentschädigungsgesetz auf das Gebiet der gegenwärtigen Deutschen Demokratischen Republik erstreckt werden. Hierfür sind weitere Bestimmungen erforderlich, die den dortigen Gegebenheiten Rechnung tragen.

d) Zu dem Neunten Teil des Überleitungsvertrags:

Die Artikel 2 und 3 des Neunten Teils sind nicht beibehalten worden, da davon ausgegangen wird, daß alle darin behandelten Fragen geregelt sind, soweit die Vertragsparteien des Überleitungsvertrags betroffen sind.

Die Regierung der Bundesrepublik Deutschland hat die Verantwortlichkeit für die Bestimmung und Befriedigung von in Artikel 3 bezeichneten Ansprüchen seitens der ihrer Herrschaftsgewalt unterliegenden Personen übernommen, die nach deutschem Recht noch geltend gemacht werden können.

Falls sich die Regierungen der Französischen Republik, der Vereinigten Staaten von Amerika und des Vereinigten Königreichs Großbritannien und Nordirland mit dem Inhalt dieser Note einverstanden erklären, werden diese Note und die das Einverständnis Ihrer Regierungen zum Ausdruck bringenden Antwortnoten eine Vereinbarung zwischen unseren vier Regierungen bilden, die an dem Tag in Kraft tritt, an dem die letzte das Einverständnis ausdrückende Antwortnote eingeht; die Regierung der Bundesrepublik Deutschland wird die anderen Regierungen über den Empfang dieser letzten Antwortnote unterrichten.

Der englische und der französische Wortlaut dieser Note sind beigefügt; alle drei Wortlaute sind gleichermaßen verbindlich.

Genehmigen Sie, Exzellenzen, die Versicherung meiner ausgezeichnetsten Hochachtung.

Dr. Lautenschlager

Quelle: Bundesgesetzblatt, Teil II, Nr. 42, 9. November 1990, Seite 1386ff

Überleitungsvertrag

(Vertrag zur Regelung aus Krieg und Besatzung entstandener Fragen)

Folgende Punkte aus dem Überleitungsvertrag von 1954 sind laut BGBl 1990, Teil II, Seite 1386 ff weiterhin gültig:

Erster Teil:

(Allgemeine Bestimmungen)

- Artikel 1, Absatz 1, Satz 1 bis ‹Rechtsvorschriften aufzuheben oder zu ändern› sowie Absätze 3, 4 und 5
- Artikel 2, Absatz 1
- Artikel 3, Absätze 2 und 3
- Artikel 5, Absätze 1 und 3
- Artikel 7, Absatz 1
- Artikel 8

Dritter Teil:

(SATZUNG DES OBERSTEN RÜCKERSTATTUNGSGERICHTES)

- Artikel 3, Absatz 5, Buchstabe a des Anhangs.
- Artikel 6, Absatz 3 des Anhangs

Sechster Teil:

(REPARATIONEN)

- Artikel 3, Absätze 1 und 3

Siebenter Teil:

(VERSCHLEPPTE PERSONEN UND FLüCHTLINGE)

- Artikel 1
- Artikel 2

Neunter Teil:

(GEWISSE ANSPRÜCHE GEGEN FREMDE NATIONEN UND STAATSANGEHÖRIGE)

- Artikel 1

Zehnter Teil:

(AUSLÄNDISCHE INTERESSEN IN DEUTSCHLAND)

- Artikel 4

Nachfolgend der Wortlaut aus den noch gültigen Artikeln des Überleitungsvertrages

(Vertrag zur Regelung aus Krieg und Besatzung entstandener Fragen):

Erster Teil: Artikel 1, Absätze 3, 4 und 5

(Allgemeine Bestimmungen)

(1) Die Organe der Bundesrepublik und der Länder sind gemäß ihrer im Grundgesetz festgelegten Zuständigkeit befugt, von den Besatzungsbehörden erlassene Rechtsvorschriften aufzuheben oder zu ändern.

(3) Der in diesem Vertrag verwendete Ausdruck „Rechtsvorschriften" umfaßt Proklamationen, Gesetze, Verordnungen, Entscheidungen (mit Ausnahme gerichtlicher Entscheidungen), Direktiven, Durchführungsbestimmungen, Anordnungen, Genehmigungen oder sonstige Vorschriften ähnlicher Art, die amtlich veröffentlicht worden sind. Die Bezugnahme auf eine einzelne Rechtsvorschrift schließt alle und jeden ihrer Teile, einschließlich der Präambel, ein, sofern nicht ausdrücklich etwas anderes bestimmt ist.

(4) Die amtlichen Texte der in diesem Artikel erwähnten Rechtsvorschriften sind diejenigen Texte, die zur Zeit des Erlasses maßgebend waren.

(5) Der Ausdruck „Besatzungsbehörden", wie er in diesem Teil verwendet wird, bedeutet den Kontrollrat, die Alliierte Hohe Kommission, die Hohen Kommissare der Drei Mächte, die Militärgouverneure der Drei Mächte, die Streitkräfte der Drei Mächte in Deutschland, sowie Organisationen und Personen, die in deren Namen Befugnisse ausüben oder im Falle von internationalen Organisationen und Organisationen anderer Mächte (und der Mitglieder solcher Organisationen) - mit deren Ermächtigung handeln, schließlich die bei den Streitkräften der Drei Mächte dienenden Hilfsverbände anderer Mächte.

Erster Teil: Artikel 2, Absatz 1

(Allgemeine Bestimmungen)

(1) Alle Rechte und Verpflichtungen, die durch gesetzgeberische, gerichtliche oder Verwaltungsmaßnahmen der Besatzungsbehörden oder auf Grund solcher Maßnahmen begründet oder festgestellt worden sind, sind und bleiben in jeder Hinsicht nach deutschem Recht in Kraft, ohne Rücksicht darauf, ob sie in Übereinstimmung mit anderen Rechtsvorschriften begründet oder festgestellt worden sind. Diese Rechte und Verpflichtungen unterliegen ohne Diskriminierung denselben künftigen gesetzgeberischen, gerichtlichen und Verwaltungsmaßnahmen wie gleichartige nach innerstaatlichem deutschem Recht begründete oder festgestellte Rechte und Verpflichtungen.

Erster Teil: Artikel 3, Absätze 2 und 3

(Allgemeine Bestimmungen)

(2) Soweit nicht in Absatz (3) dieses Artikels oder durch besondere Vereinbarung zwischen der Bundesregierung und den Regierungen der Drei Mächte oder der betreffenden Macht etwas anderes bestimmt ist, sind deutsche Gerichte und Behörden nicht zuständig in strafrechtlichen oder nichtstrafrechtlichen Verfahren, die sich auf eine vor Inkrafttreten dieses Vertrags begangene Handlung oder Unterlassung beziehen, wenn unmittelbar vor Inkrafttreten dieses Vertrags die deutschen Gerichte und Behörden hinsichtlich solcher Handlungen oder Unterlassungen nicht zuständig waren, ohne Rücksicht darauf, ob sich diese Unzuständigkeit aus der Sache oder aus der Person ergibt.

(3) Vorbehaltlich der Bestimmungen des Absatzes (1) dieses Artikels und jeder anderen einschlägigen Bestimmung des Vertrags über die Beziehungen zwischen der Bundesrepublik Deutschland und den Drei Mächten oder der in seinem Artikel 8 aufgeführten Zusatzverträge dürfen deutsche Gerichte die ihnen nach deutschem Recht zustehende Gerichtsbarkeit ausüben:

(a) in nichtstrafrechtlichen Verfahren, für die das Privatrecht maßgebend ist:

I. gegen juristische Personen, wenn die Gerichtsbarkeit der deutschen Gerichte vorher allein deswegen ausgeschlossen war, weil diese juristischen Personen der Kontrolle der Besatzungsbehörden nach dem Militärgesetz Nr. 52 und der Militärregierung, betreffend Sperre und Kontrolle von Vermögen, nach dem Kontrollratsgesetz Nr. 9, betreffend Beschlagnahme und Kontrolle des Vermögens der I. G. Farbenindustrie, oder nach dem Gesetz Nr. 35 der Alliierten Hohen Kommission, betreffend Aufspaltung der Vermögens der I. G. Farbenindustrie A. G., unterworfen waren;

II. gegen natürliche Personen, es sei denn, daß solche Verfahren aus Pflichten oder Diensten für die Besatzungsbehörden entstehen oder Handlungen oder Unterlassungen im Zuge der Erfüllung solcher Pflichten oder der Leistung solcher Dienste betreffen oder aus Ansprüchen entstehen, auf die in Artikel 3 des Neunten Teils dieses Vertrags Bezug genommen wird. Für Unterhaltsklagen sind deutsche Gerichte jedoch nur zuständig, soweit Unterhalt für die Zeit nach Inkrafttreten dieses Vertrags verlangt wird;

(b) in Strafverfahren gegen natürliche Personen, es sei denn, daß die Untersuchung wegen der angeblichen Straftat von den Strafverfolgungsbehörden der betreffenden Macht oder Mächte endgültig abgeschlossen war oder diese Straftat in Erfüllung von Pflichten oder Leistung von Diensten für die Besatzungsbehörden begangen wurde.

Entsteht in einem strafrechtlichen oder nichtstrafrechtlichen Verfahren, auf das in diesem Absatz Bezug genommen wird, die Frage, ob jemand in Erfüllung von Pflichten oder Leistung von Diensten für die Besatzungsbehörden gehandelt hat, oder ob die Strafverfolgungsbehörden der betreffenden Macht oder Mächte die Untersuchung wegen der angeblichen Straftat endgültig abgeschlossen haben, so wird das deutsche Gericht eine Bescheinigung des Botschafters oder in seiner Abwesenheit des Geschäftsträgers der betreffenden Macht als schlüssigen Beweis für diese Frage in der in der Bescheinigung angegebenen Umfang anerkennen.

Erster Teil: Artikel 5, Absätze 1 und 3

(Allgemeine Bestimmungen)

(1) Alle Urteile und Entscheidungen in nichtstrafrechtlichen Angelegenheiten, die von einem Gericht oder einer gerichtlichen Behörde der Drei Mächte oder einer derselben bisher in Deutschland erlassen worden sind oder später erlassen werden, bleiben in jeder Hinsicht nach deutschem Recht rechtskräftig und rechtswirksam und sind von den deutschen Gerichten und Behörden demgemäß zu behandeln und auf Antrag einer Partei von diesen in der gleichen Weise wie Urteile und Entscheidungen deutscher Gerichte und Behörden zu vollstrecken.

(3) Im Zusammenhang mit der Vollstreckung von Urteilen können Einwendungen gegen einen durch Urteil festgestellten Anspruch durch ein Verfahren nach § 767 der deutschen Zivilprozeßordnung vor dem zuständigen deutschen Gericht geltend gemacht werden.

Erster Teil: Artikel 7, Absatz 1

(Allgemeine Bestimmungen)

(1) Alle Urteile und Entscheidungen in Strafsachen, die von einem Gericht oder einer gerichtlichen Behörde der Drei Mächte oder einer derselben bisher in Deutschland gefällt worden sind oder später gefällt werden, bleiben in jeder Hinsicht nach deutschem Recht rechtskräftig und rechtswirksam und sind von den deutschen Gerichten und Behörden demgemäß zu behandeln.

Erster Teil: Artikel 8

(Allgemeine Bestimmungen)

Folgende Personen genießen in bezug auf Handlungen, die sie in Ausübung ihres Amtes vorgenommen haben, während ihrer Amtsdauer und nach deren Ablauf Immunität gegen

gerichtliche Verfolgung im Bundesgebiet:

a. Mitglieder der in Absatz (2) des Artikels 4 dieses Teils bezeichneten Gerichte;

b. Mitglieder der in Absatz (1) des Artikels 6 des Dritten Teiles dieses Vertrags bezeichneten Gerichte, an deren Stelle das Oberste Rückerstattungsgericht tritt;

c. von einer der Drei Mächte ernannte Mitglieder des gemäß Absatz (1) des Artikels 6 dieses Teils errichteten Gemischten Ausschusses und des in Absatz (5) des Artikels 7 dieses Teiles bezeichneten Gemischten Beratenden Gnadenausschusses;

d. von einer der Drei Mächte ernannte Mitglieder des in Absatz (1) des Artikels 12 dieses bezeichneten Prüfungsausschusses;

Während ihrer Amtsdauer genießen diese Personen im Bundesgebiet ferner die gleichen Vorrechte und Immunitäten, die Mitgliedern diplomatischer Missionen gewährt werden.

Dritter Teil: Artikel 3, Absatz 5, Buchstabe a des Anhangs

(Satzung des obersten Rückerstattungsgerichtes)

Die Richter haben während ihrer Amtszeit den Rang der entsprechenden Mitglieder des Bundesgerichtshofes und genießen während ihrer Amtszeit und nach deren Ablauf Immunität gegenüber gerichtlicher Verfolgung für Handlungen, die sie in Ausübung ihres Amtes vorgenommen haben.

Dritter Teil: Artikel 6, Absatz 3 des Anhangs

(Satzung des obersten Rückerstattungsgerichtes)

Absatz (3), (4) und (5) des Artikels 2 und Absatz (4) und (5) des Artikels 3 dieser Satzung finden auf die Geschäftsstellenleiter des Gerichtes entsprechende Anwendung.

Sechster Teil: Artikel 3, Absätze 1 und 3

(Reparationen)

(1) Die Bundesrepublik wird in Zukunft keine Einwendungen gegen die Maßnahmen erheben, die gegen das deutsche Auslands- oder sonstige Vermögen durchgeführt worden sind oder werden sollen, das beschlagnahmt worden ist für Zwecke der Reparation oder Restitution oder auf Grund des Kriegszustandes oder auf Grund von Abkommen, die die Drei Mächte mit anderen alliierten Staaten, neutralen Staaten oder ehemaligen Bundesgenossen Deutschlands geschlossen haben oder schließen werden.

(3) Ansprüche und Klagen gegen Personen, die auf Grund der in Absatz (1) und (2) dieses Artikels bezeichneten Maßnahmen Eigentum erworben oder übertragen haben, sowie Ansprüche und Klagen gegen internationale Organisationen, ausländische Regierungen oder Personen, die auf Anweisung dieser Organisationen oder Regierungen gehandelt haben, werden nicht zugelassen.

Anmerkung: Folgender Artikel wurde **nicht** übernommen

SECHSTER TEIL: Artikel 1, Absätze 1 wurde gestrichen:

Die Frage der Reparationen wird durch den Friedensvertrag zwischen Deutschland und seinen ehemaligen Gegnern oder vorher durch diese Frage betreffende Abkommen geregelt werden. Die Drei Mächte verpflichten sich, zu keiner Zeit Forderungen auf Reparationen aus der laufenden Produktion der Bundesrepublik geltend zu machen.

Siebenter Teil: Artikel 1

(Verschleppte Personen und Flüchtlinge)

Die Bundesrepublik verpflichtet sich:

(a) (gestrichen)

(b) (gestrichen)

(c) (gestrichen)

(d) die Fortführung der Arbeiten zu gewährleisten, die gegenwärtig vom Internationalen Suchdienst durchgeführt werden;

(e) die ordnungsgemäße Betreuung und Instandhaltung der Gräber alliierter ziviler Kriegsopfer (falls von den beteiligten Staaten nicht anderweitig vorgesehen), verschleppter Personen und nichtdeutscher Flüchtlinge im Bundesgebiet zu übernehmen und Pilgerfahrten von Angehörigen zu diesen Gräbern zu erleichtern;

(f) den Behörden der Drei Mächte und anderer beteiligter alliierter Staaten bei der Exhumierung und Überführung der Leichen von Kriegsopfern die gleichen Möglichkeiten wie bisher zu gewähren.

Siebenter Teil: Artikel 2

(Verschleppte Personen und Flüchtlinge)

Die Bundesrepublik wird für die ordnungsgemäße Betreuung und Instandhaltung der Gräber alliierter Soldaten im Bundesgebiet (falls von den beteiligten Staaten oder den diesen Zwecken dienenden Organisationen dieser Staaten nicht anderweitig vorgesehen) Sorge tragen und die Tätigkeit dieser Organisationen erleichtern. Jede der Drei Mächte wird in ihrem Mutterland für die ordnungsgemäße Betreuung und Instandhaltung der Gräber deutscher Soldaten Sorge tragen und die Tätigkeit von Organisationen erleichtern, die diesen Zwecken dienen.

Neunter Teil: Artikel 1:

(Gewisse Ansprüche gegen fremde Nationen und Staatsangehörige)

Vorbehaltlich der Bestimmungen einer Friedensregelung mit Deutschland dürfen deutsche Staatsangehörige, die der Herrschaftsgewalt der Bundesrepublik unterliegen, gegen die Staaten, welche die Erklärung der Vereinten Nationen vom 1. Januar 1942 unterzeichnet haben oder ihr beigetreten sind oder mit Deutschland im Kriegszustand waren oder in Artikel 5 des Fünften Teils dieses Vertrags genannt sind, sowie gegen deren Staatsangehörige keine Ansprüche irgendwelcher Art erheben wegen Maßnahmen, welche von den Regierungen dieser Staaten oder mit ihrer Ermächtigung in der Zeit zwischen dem 1. September 1939 und dem 5. Juni 1945 wegen des in Europa bestehenden Kriegszustandes getroffen worden sind; auch darf niemand derartige Ansprüche vor einem Gericht der Bundesrepublik geltend machen.

Zehnter Teil: Artikel 4

(Ausländische Interessen in Deutschland)

Die Bundesrepublik bestätigt, daß nach deutschem Recht der Kriegszustand als solcher die vor Eintritt des Kriegszustandes durch Verträge oder andere Verpflichtungen begründeten Verbindlichkeiten zur Bezahlung von Geldschulden und die vor diesem Zeitpunkt erworbenen Rechte nicht berührt.

Quelle: Bundesgesetzblatt, Teil II, Nr. 8, 31. März 1955, Seite 301ff

Zweites Gesetz zur Bereinigung des Besatzungsrechts

Vom 23. November 2007

Artikel 1

Aufhebung des Gesetzes über die Eingliederung des Saarlandes

(101-2)

Das Gesetz über die Eingliederung des Saarlandes in der im Bundesgesetzblatt Teil III, Gliederungsnummer 101-2, veröffentlichten bereinigten Fassung wird aufgehoben.

Artikel 2

Aufhebung des Gesetzes zur Einführung von Bundesrecht im Saarland

(101-3)

Das Gesetz zur Einführung von Bundesrecht im Saarland in der im Bundesgesetzblatt Teil III, Gliederungsnummer 101-3, veröffentlichten bereinigten Fassung wird aufgehoben.

Artikel 3

Aufhebung des Gesetzes über Ermächtigungen zum Erlass von Rechtsverordnungen

(103-1)

Das Gesetz über Ermächtigungen zum Erlass von Rechtsverordnungen in der im Bundesgesetzblatt Teil III, Gliederungsnummer 103-1, veröffentlichten bereinigten Fassung wird aufgehoben.

Artikel 4

Gesetz zur Bereinigung des Besatzungsrechts
Artikel 4 ändert mWv. 30. November 2007 BRBG

gesamter Text siehe Gesetz zur Bereinigung des Besatzungsrechts

§ 1 Aufhebung von Besatzungsrecht

(1) Die von Besatzungsbehörden erlassenen Rechtsvorschriften (Besatzungsrecht), insbesondere solche nach Artikel 1 Abs. 3 des Ersten Teils des Vertrags zur Regelung aus Krieg und Besatzung entstandener Fragen in der Fassung der Bekanntmachung vom 30. März 1955 (BGBl. 1955 II S. 301, 405) (Überleitungsvertrag), werden aufgehoben, soweit sie nicht in Bundes- oder Landesrecht überführt worden sind und zum

Zeitpunkt ihres Inkrafttretens Regelungsgebiete betrafen, die den Artikeln 73, 74 und 75 des Grundgesetzes zuzuordnen waren.

(2) Von der Aufhebung ausgenommen ist das Kontrollratsgesetz Nr. 35 über Ausgleichs- und Schiedsverfahren in Arbeitsstreitigkeiten vom 20. August 1946 (Amtsblatt des Kontrollrats S. 174), zuletzt geändert durch das Gesetz vom 9. Februar 1950 (Amtsblatt der Alliierten Hohen Kommission für Deutschland S. 103).

§ 2 Aufhebung bundesrechtlicher Vorschriften über die Bereinigung von Besatzungsrecht

Es werden aufgehoben:

1. das Erste Gesetz zur Aufhebung des Besatzungsrechts vom 30. Mai 1956 (BGBl. I S. 437; BGBl. III 104-1),

2. das Zweite Gesetz zur Aufhebung des Besatzungsrechts vom 30. Mai 1956 (BGBl. I S. 446; BGBl. III 104-2),

3.das Dritte Gesetz zur Aufhebung des Besatzungsrechts vom 23. Juli 1958 (BGBl. I S. 540; BGBl. III 104-3) und

4.das Vierte Gesetz zur Aufhebung des Besatzungsrechts vom 19. Dezember 1960 (BGBl. I S. 1015; BGBl. III 104-4).

§ 3 Folgen der Aufhebung

Rechte und Pflichten, die durch gesetzgeberische, gerichtliche oder Verwaltungsmaßnahmen der Besatzungsbehörden oder auf Grund solcher Maßnahmen begründet oder festgestellt worden sind, bleiben von der Aufhebung unberührt und bestehen nach Artikel 2 Abs. 1 Satz 1 des Ersten Teils des Überleitungsvertrages fort. Durch die Aufhebung werden weder frühere Rechtszustände wiederhergestellt noch Wiederaufnahme-, Rücknahme- oder Widerrufstatbestände begründet. Tatbestandliche Voraussetzungen von Besatzungsrecht, die bis zum Inkrafttreten dieses Gesetzes nicht erfüllt worden sind, können nicht mehr erfüllt werden. Aufgehobene Rechtsvorschriften bleiben auch für die Zukunft auf Tatbestände und Rechtsverhältnisse anwendbar, die während der Geltung der Rechtsvorschriften erfüllt waren oder entstanden sind. Die Aufhebung von Besatzungsrecht lässt Verweisungen hierauf unberührt.

Quelle: Bundesgesetzblatt, Teil I, Nr. 59, 29. November 2007, Seite 2613f